Yara Najman • Vera Calabria

aprender mais

CADERNO DE REFORÇO

- História
- Geografia
- Ciências

VOLUME 1

ENSINO FUNDAMENTAL

IBEP

2ª edição
São Paulo
2013

Coleção Aprender Mais
Volume 1
© IBEP, 2013

Diretor superintendente	Jorge Yunes
Diretora adjunta editorial	Célia de Assis
Editores	Lizete Mercadante
	Mizue Jyo
	Rosicler Martins
Assistentes editoriais	Fernanda Santos
	Karina Danza
Revisão	Luiz Gustavo Micheletti Bazana
Coordenadora de arte	Karina Monteiro
Assistentes de arte	Marilia Vilela
	Nane Carvalho
Coordenadora de iconografia	Maria do Céu Pires Passuello
Assistentes de iconografia	Adriana Neves
	Wilson de Castilho
Produção gráfica	José Antônio Ferraz
Assistente de produção gráfica	Eliane M. M. Ferreira
Produção editorial	José Antonio Ferraz
Ilustrações	José Luis Juhas
	Eduardo Carlos Pereira
	Hélio Senatore
	Lie Kobayashi
Projeto gráfico	APIS design integrado
Capa	APIS design integrado
Editoração eletrônica	N-Publicações

CIP-BRASIL. CATALOGAÇÃO-NA-FONTE
SINDICATO NACIONAL DOS EDITORES DE LIVROS, RJ

N151a
2. ed.

Najman, Yara
    Aprender mais : caderno de reforço : história, geografia e ciências, volume 1 / Yara Najman, Vera Calabria. - 2. ed. - São Paulo : IBEP, 2013.
        230 p. : il. ; 28 cm.   (Aprender mais)

    ISBN 9788534236874 (mestre) 9788534236829 (aluno)

    1. Ensino fundamental - Estudo e ensino. 2. História - Estudo e ensino (Ensino fundamental). 3. Geografia - Estudo e ensino (Ensino fundamental). 4. Ciências - Estudo e ensino (Ensino fundamental). I. Calabria, Vera. II. Título. III. Série.

13-03882   CDD: 372
                                                  CDU: 373.3.016

12/08/2013   13/08/2013

2ª edição – São Paulo – 2013
Todos os direitos reservados.

IBEP

Av. Alexandre Mackenzie, 619 – Jaguaré
São Paulo – SP – 05322-000 – Brasil – Tel.: (11) 2799-7799
www.editoraibep.com.br   editoras@ibep-nacional.com.br

Aprender mais

CADERNO DE REFORÇO

Nome: _____
_____
Ano: _____
Professor (a): _____
_____
Escola: _____
_____
Endereço: _____
_____
_____

Històri a

Sumário

REFORÇO 1 O nome 7
  ▸ Seu nome e você

REFORÇO 2 Você é único 11

REFORÇO 3 Documentos 15
  ▸ Certidão de Nascimento
  ▸ Carteira de Identidade
  ▸ Caderneta de Vacinação

REFORÇO 4 Família 20
  ▸ As famílias são diferentes

REFORÇO 5 A escola 25
  ▸ Os espaços da escola
  ▸ As pessoas que trabalham na escola

REFORÇO 6 Carnaval 32

REFORÇO 7 Páscoa 34

REFORÇO 8 Dia Nacional do Livro Infantil 36

REFORÇO 9 Dia do Índio 38

REFORÇO 10 Dia das Mães 41

REFORÇO 11 Festas Juninas 43

REFORÇO 12 Dia dos Pais 45

REFORÇO 13 Dia do Folclore 47

REFORÇO 14 Dia da Árvore 50

REFORÇO 15 Dia das Crianças 51

REFORÇO 16 Dia do Professor 53

REFORÇO 17 Natal 55

REFORÇO 1

O nome

Seu nome e você

Todos nós temos nome e sobrenome. Assim podemos ser identificados.

> Meu nome é Aline dos Santos.

> Meu nome é Lucas Garcia.

Saiba que

Ter nome e sobrenome é um **direito** de todas as pessoas. O sobrenome vem depois do nome e também é chamado de nome de família.

Qual é o seu nome? Você já sabe o nome de seus colegas? Forme com eles um círculo, para que todos se apresentem dizendo o nome e o sobrenome.

ATIVIDADES...

1. Circule no quadro as letras que formam seu nome.

A	B	C	D	E	F	G	H	I
J	K	L	M	N	O	P	Q	R
S	T	U	V	W	X	Y	Z	

- Agora, escreva seu nome.

- Quantas letras tem seu nome? _____ letras.

2. Você sabe quem escolheu o seu nome? Assinale com um **x**.

☐ Seu pai. ☐ Seu irmão ou irmã.
☐ Sua mãe. ☐ Seus tios.
☐ Seus avós. ☐ Outra pessoa.

3. Na sua sala de aula, há alunos com nomes iguais? Em caso afirmativo, copie os nomes deles nas linhas abaixo.

HISTÓRIA

4. O sobrenome indica a família a que uma pessoa pertence. Complete as informações, com a ajuda de seus pais ou da pessoa que cuida de você, ou do professor, e veja como seu sobrenome se formou.

- Nome e sobrenome de sua mãe:

- Nome e sobrenome de seu pai:

- Seu nome e sobrenome:

- Seu sobrenome é igual ao de seus pais?

5. Escreva no crachá seu nome e sobrenome. Depois, enfeite-o como quiser.

9

HISTÓRIA

Algumas pessoas são chamadas pelo apelido.

Os apelidos podem vir de nosso nome, de nossas características físicas etc.

> Meu nome é Liliana, mas todos me chamam de Lili.

> Meu nome é Carlos Eduardo, mas todos me chamam de Cadu.

ATIVIDADES...

1. Você tem um apelido? Sim ☐ Não ☐

- Qual é o seu apelido?

2. Qual será o nome destas crianças? Será que elas têm apelidos? Invente, para elas, nomes e apelidos que combinem.

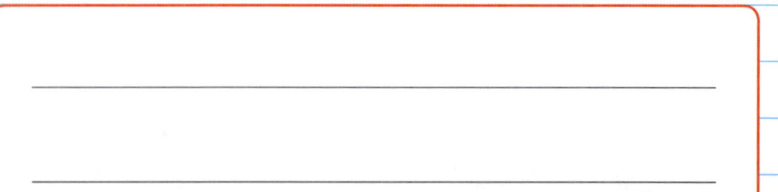

Zé

Jô

REFORÇO 2

Você é único

As pessoas podem se parecer em muitas coisas, mas nenhuma pessoa é igual a outra.

Cada um de nós tem um jeito próprio de ser.

Observe seus colegas. Em que vocês se parecem fisicamente?
Em que vocês são diferentes?
Vocês gostam das mesmas coisas?
Todos temos características que nos tornam únicos.

ATIVIDADES...

1. Como você é fisicamente? Assinale com um **x** as alternativas que correspondem às suas características.

   • Seus cabelos são:

   pretos ☐   castanhos ☐

   loiros ☐   ruivos ☐

   lisos ☐   ondulados ☐

   compridos ☐ curtos ☐

   • Seus olhos são:

   pretos ☐   castanhos ☐

   verdes ☐   azuis ☐

   • Com relação a seus colegas, você é:

   alto ☐   médio ☐   baixo ☐

2. Você sabia que não existem duas pessoas com as mesmas impressões digitais? Molhe o dedo polegar na tinta para carimbo e deixe a sua marca no espaço ao lado.

HISTÓRIA

3. Você é único não somente nas características físicas, mas também com relação a seus gostos e seus sentimentos. Desenhe o que se pede.

O que você mais gosta de comer?	Qual é sua brincadeira preferida?
Qual é sua roupa preferida?	O que você mais gosta de fazer?

13

HISTÓRIA

4. O que deixa você feliz? E triste? E assustado? E bravo? Ligue as alternativas às expressões para indicar o que você sente em cada situação.

- Ir à escola.
- Assistir a um filme de aventura.
- Tomar chuva.
- Escutar uma história.
- Brigar com um amigo.
- Comer frutas.
- Cair e se machucar.
- Ganhar presente.
- Brincar com seus amigos.
- Escutar barulho de sirenes.

REFORÇO 3

Documentos

Todas as pessoas devem ter documentos que as identifiquem. Existem tipos diferentes de documentos. Eles trazem informações importantes sobre nós e sobre passagens da nossa vida.

Certidão de Nascimento

A Certidão de Nascimento registra dados de nosso nascimento, como a data, o local e os nomes que os pais escolheram para nós. Também traz informações sobre a nossa origem.

Os pais devem registrar o filho em um cartório logo depois do nascimento.

ATIVIDADE...

Observe esta Certidão de Nascimento.

REPÚBLICA FEDERATIVA DO BRASIL
REGISTRO CIVIL DAS PESSOAS NATURAIS

CERTIDÃO DE NASCIMENTO

NOME: Pedro Wellington Oliveira da Silva
MATRÍCULA: 0018830155 1987 1 0003 050 0000533 31

DATA DE NASCIMENTO: 03/04/2013
HORA DE NASCIMENTO: 13:15
LOCAL DE NASCIMENTO: Estabelecimento
SEXO: Masculino
MUNICÍPIO DE NASCIMENTO: 130340 – Parintins/AM
MUNICÍPIO DE REGISTRO: 130340 – Parintins/AM

FILIAÇÃO
PAI: Quincas Guimarães da Silva — Açailândia/MA
MÃE: Celina Abana Oliveira — Parintins/AM

AVÓS
AVÔ PATERNO: Desidério Santana da Silva — Açailândia/MA
AVÔ MATERNO: Armando Abana Oliveira — Boca do Acre/AM
AVÓ PATERNA: Maria Ercília Guimarães da Silva — Açailândia/MA
AVÓ MATERNA: Josélia de Fátima Oliveira — Boca do Acre/AM

GÊMEOS: Não
NOME E MATRÍCULA DO(S) GÊMEO(S): xxx

DECLARANTE: Quincas Guimarães da Silva

DATA DO REGISTRO: 08/04/2013
NÚMERO DA DNV (DECLARAÇÃO DE NASCIDO VIVO): 123456789

OBSERVAÇÕES: Este registro não contém observações.

Ofício do Registro Civil Das Pessoas Naturais - 1ª Subdistrito
OFICIAL REGISTRADOR: Nono nono nonono nonono
MUNICÍPIO / UF: Parintins/AM
ENDEREÇO: Rua XV de Novembro, 2012 cj 56

O conteúdo da certidão é verdadeiro. Dou fé.
Parintins, 08 de abril de 2013
Cláudio Soares da Costa
Oficial Substituto

AGÊNCIA ESTADO/ARQUIVO

Ela traz várias informações sobre os dados relacionados ao nascimento e à filiação de uma pessoa.

Consulte a sua Certidão de Nascimento e copie os dados pedidos. Peça ajuda a seus pais ou responsáveis.

- Dia de nascimento: _____
- Município de nascimento: _____
- Hora de nascimento: _____
- Quem foi o declarante? _____

Carteira de Identidade

Outro documento importante na vida de uma pessoa é a Carteira de Identidade ou Registro Geral (RG).

Ela traz a foto, a impressão digital, a assinatura e outros dados da pessoa. A carteira de identidade é o principal documento de todo cidadão brasileiro.

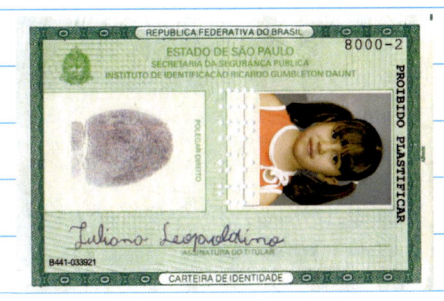

ATIVIDADE...

Observe a Carteira de Identidade acima e assinale as informações que ela traz.

- Nome da pessoa   sim ☐   não ☐

- Fotografia   sim ☐   não ☐

- Assinatura   sim ☐   não ☐

- Nome dos pais   sim ☐   não ☐

- Data de nascimento   sim ☐   não ☐

- Impressão digital   sim ☐   não ☐

- Endereço   sim ☐   não ☐

Caderneta de Vacinação

Toda criança precisa de uma Caderneta de Vacinação. Nela ficam anotadas as vacinas que ela toma regularmente.

As vacinas são importantes para prevenir doenças graves como a tuberculose, o tétano, a paralisia infantil, o sarampo, a meningite e outras.

Veja ao lado o modelo da página de identificação de uma Caderneta de Vacinação.

ATIVIDADES...

1. Consulte sua Caderneta de Vacinação ou converse com seus pais ou adultos que vivem com você e assinale com um **x** as vacinas que você já tomou.

☐ Contra meningite   ☐ Contra paralisia infantil

☐ Contra sarampo   ☐ Contra hepatite

☐ Contra tétano   ☐ BCG, contra tuberculose

HISTÓRIA

2. Associe os documentos às informações que eles trazem.

Carteira de identidade

Caderneta de vacinação

Certidão de nascimento

- Local de nascimento
- Nome dos pais
- Endereço
- Impressão digital
- Controle de vacinas
- Horário de nascimento
- Raça/cor/etnia

3. Assinale quais documentos você possui.

☐ Carteira de identidade

☐ Caderneta de vacinação

☐ Certidão de nascimento

REFORÇO 4

Família

Família é o conjunto de pessoas ligadas entre si por laços de parentesco ou laços sentimentais.

Por exemplo, pai, mãe, filhos, filhos adotivos, avós, tios e primos pertencem à mesma família.

As famílias são diferentes

As famílias, assim como nós, não são sempre iguais, elas apresentam semelhanças e diferenças.

Existem famílias grandes. Em geral, nem todas as pessoas vivem na mesma casa. Algumas delas podem até viver em outras cidades ou países.

HISTÓRIA

Algumas famílias são formadas pelo pai ou pela mãe e por seus filhos.

Muitas crianças têm pais adotivos e formam uma nova família.

Algumas crianças vivem em orfanatos e formam uma grande família.

Para que a convivência familiar tenha harmonia, é importante que todos respeitem e cooperem uns com os outros. Na organização da casa, por exemplo, todos podem ajudar a arrumar as camas, a guardar as roupas e sapatos nos locais certos, a guardar a louça e muitas outras tarefas.

ATIVIDADES...

1. Como é a sua família? Desenhe-a.

2. Encontre e assinale no diagrama o nome de alguns membros de uma família.

| pai | mãe | irmã | avós | tios | irmão |

A	B	T	I	O	S	K	A	K	A	J	O
V	B	C	D	I	D	V	I	R	M	Ã	O
Ó	L	G	P	A	I	M	Ã	E	A	T	P
S	D	M	D	L	D	Ã	M	X	U	H	A
O	M	K	É	I	C	E	G	I	R	M	Ã

HISTÓRIA

3. Muitas vezes representamos os membros da família em uma **árvore genealógica**.
Complete a sua árvore genealógica escrevendo o seu nome e o de seus antepassados e representando-os com um desenho. Se necessário, peça ajuda a seus pais ou aos adultos que vivem com você.

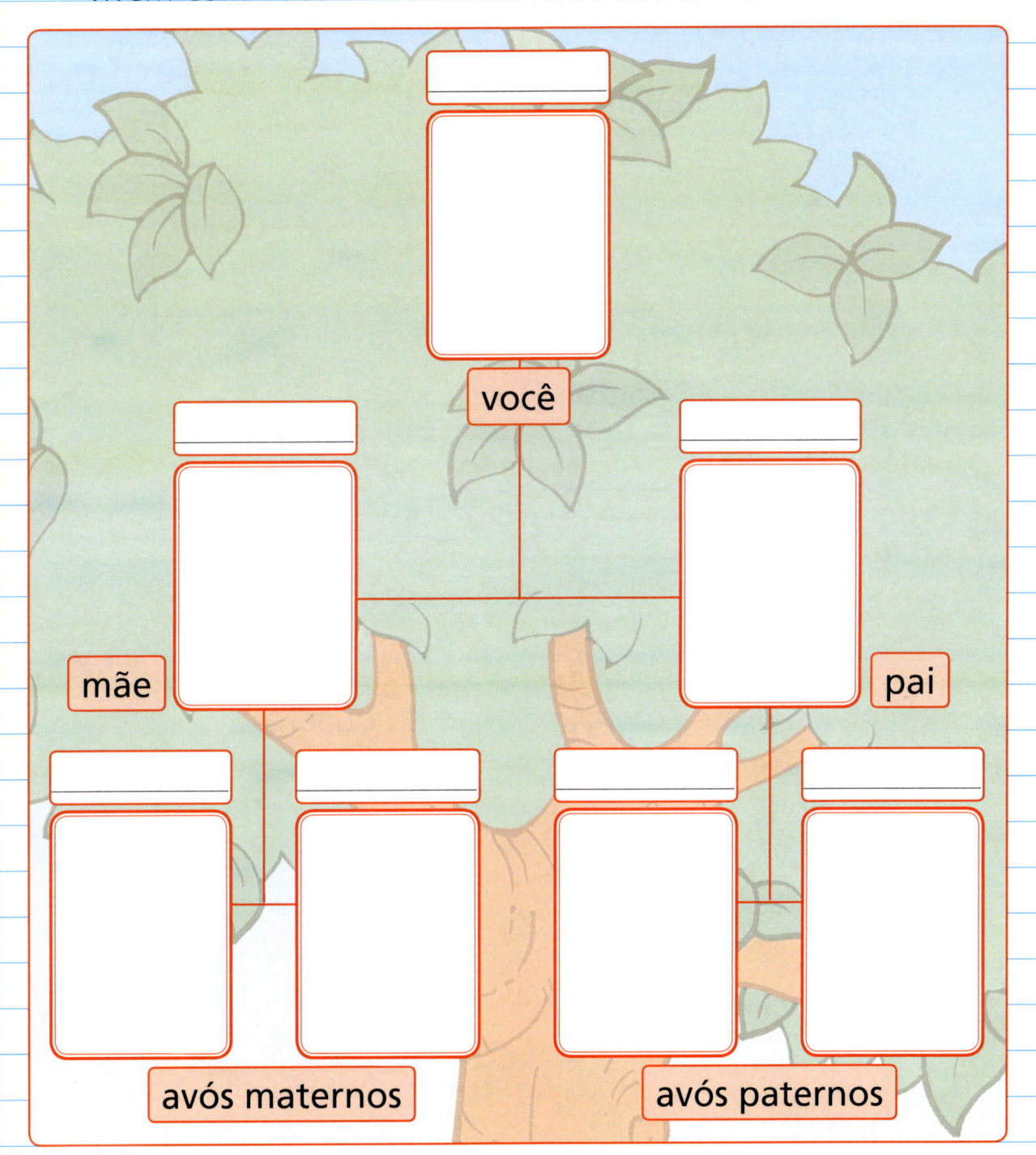

você

mãe

pai

avós maternos

avós paternos

23

HISTÓRIA

4. Pinte as ações que você realiza para ajudar sua família em casa.

5. Complete a frase com as palavras do quadro.

| família | crianças | direito |

Todas as _____ do mundo têm o

_____ de crescer protegidas por uma

_____ .

24

REFORÇO 5

A escola

As crianças frequentam a escola para aprender e descobrir coisas novas e importantes para a vida.

Além dos professores e dos alunos, muitas pessoas convivem na escola.

ATIVIDADES...

1. Qual é o nome da sua escola?

2. Escreva o nome do seu professor.

3. Ligue os pontos seguindo a ordem numérica e descubra o que se formou.

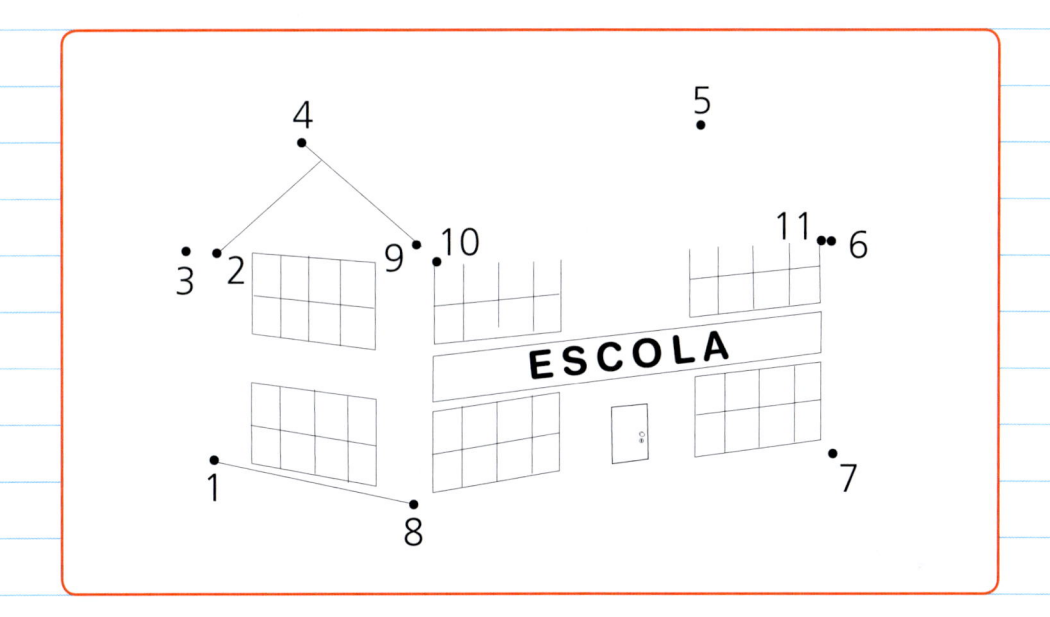

Os espaços da escola

Na escola desenvolvemos várias atividades e ocupamos diferentes espaços.

Na sala de aula, por exemplo, temos cadeiras, mesas, lousa e outros objetos. Esse espaço é organizado para estudarmos.

Muitas escolas têm pátios e áreas para os alunos brincarem.

As escolas também podem ter refeitórios, bibliotecas e outros espaços.

HISTÓRIA

ATIVIDADES...

1. Assinale com um **x** as dependências que existem em sua escola.

sala de aula ☐	diretoria ☐
secretaria ☐	biblioteca ☐
refeitório ☐	pátio ☐

2. Como é a sua sala de aula? Quem se senta ao seu lado? Onde fica a lousa?

Faça um desenho de sua sala de aula, indicando como ela é organizada. Em seu desenho, aponte o lugar onde você se senta e onde se sentam seus colegas.

HISTÓRIA

As pessoas que trabalham na escola

Há várias pessoas que trabalham na escola. Elas cuidam do funcionamento da escola para que você possa estudar e se divertir.

diretora	secretária
professora	bibliotecário
servente	porteiro

29

ATIVIDADES

1. Observe as figuras e complete com as vogais ou consoantes o nome dos profissionais que trabalham na escola.

S__CR_T_R__    __O E__ O__ A

__I E O A    S_R__N_E

2. Com a ajuda do professor, escreva o nome dos seguintes profissionais de sua escola.

- Secretário ou secretária:
- Servente:
- Diretor ou diretora:
- Merendeiro ou merendeira:

3. Leia os versinhos e faça um desenho para ilustrá-los.

Minha escola

A minha sala
Está limpinha.
Dá gosto vê-la
Arrumadinha.
Cuido da minha escola.
Não jogo papel no chão
Sou um menino educado
Sujeira? Não gosto, não!

Idalina L. Ferreira, Atividades na Pré-escola.

REFORÇO 6

Carnaval

O Carnaval é considerado uma das maiores festas populares do Brasil. Ele é festejado em quase todas as cidades brasileiras, sempre com muita animação.

Passistas de frevo no desfile de carnaval, Recife, PE.

O Carnaval acontece no mês de fevereiro e, algumas vezes, no mês de março.

Os foliões se fantasiam e dançam. Nas ruas há desfile de escolas de samba, trios elétricos e blocos.

Desfile de escola de samba no Rio de Janeiro, 2006.

HISTÓRIA

ATIVIDADES...

1. Assinale com um **x** as frases verdadeiras.

☐ O Carnaval é uma festa popular brasileira.

☐ O Carnaval acontece no mês de setembro.

☐ O Carnaval é uma festa para diversão.

2. Ligue os pontos para completar a fantasia de carnaval das crianças. Depois pinte as imagens para que fiquem bem divertidas.

REFORÇO 7

Páscoa

A Páscoa, normalmente festejada no mês de março ou abril, é uma festa cristã que comemora a ressurreição de Jesus Cristo.

Ressurreição significa renascimento, início de uma nova vida.

Um dos símbolos da Páscoa é o coelho, um animal que tem muitos filhotes e gera muitas vidas.

Na Páscoa as pessoas costumam presentear umas às outras com ovos de chocolate.

HISTÓRIA

ATIVIDADES...

1. Complete a letra da música escolhendo as palavras do quadro.

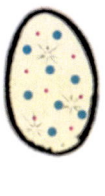

| ovo | ovos | coelhinho |

_____ da Páscoa, que trazes pra mim?

Um _____, dois _____, três _____ assim...

2. Pinte e decore os ovos de Páscoa e depois cubra o pontilhado.

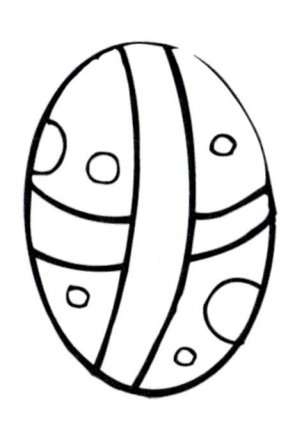

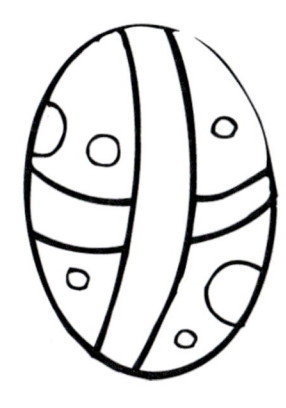

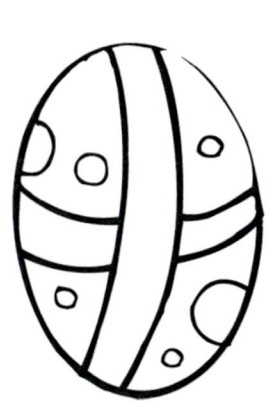

OVOS DE CHOCOLATE

REFORÇO 8

Dia Nacional do Livro Infantil

Em 18 de abril comemora-se o Dia Nacional do Livro Infantil, data de nascimento de Monteiro Lobato, um dos mais importantes escritores brasileiros de livros infantis.

As histórias que se passam no Sítio do Picapau Amarelo são as mais conhecidas das crianças de nosso país.

ATIVIDADES...

1. Ligue os nomes aos personagens do Sítio do Picapau Amarelo.

Emília

Narizinho

Pedrinho

Visconde

Dona Benta

Tia Anastácia

HISTÓRIA

2. Qual é o livro que você mais gostou de ler? Escreva no quadro o título.

3. Na literatura existem livros de vários gêneros: fábulas (A cigarra e a formiga, por exemplo), contos de fadas (Branca de Neve e os sete anões, por exemplo), aventuras (As viagens de Gulliver, por exemplo), quadrinhos (O menino maluquinho, por exemplo). Resolva o labirinto para descobrir que tipo de livro o menino e a menina vão ler.

37

REFORÇO 9

Dia do Índio

Comemoramos o Dia do Índio em 19 de abril.

Os povos indígenas foram os primeiros habitantes do Brasil. Eles já moravam em nosso país antes da chegada dos colonizadores portugueses.

Os índios que ainda moram nas florestas vivem em aldeias e sua casa é chamada oca. Todas as ocas reunidas formam a taba, a aldeia indígena.

Sua alimentação se compõe de raízes, frutas silvestres, peixes e da carne de pequenos animais.

Festa de índios Caiapós na aldeia A-ukre, 2009.

HISTÓRIA

ATIVIDADES...

1. Você sabia que muitas palavras da língua portuguesa têm origem indígena? Veja as ilustrações, siga as pistas e descubra algumas delas.

- Palavra que significa fruta cheirosa: _____.

- Palavra que significa grão de milho que estoura: _____.

- Palavra que significa animal desdentado: _____.

- Palavra que significa coisa ruidosa, barulhenta: _____.

2. Pinte a cena abaixo.

HISTÓRIA

3. Com a ajuda de seu professor, leia e cante a música. Depois, faça um desenho que represente a situação descrita na música.

Um, dois, três indiozinhos
Quatro, cinco, seis indiozinhos.
Sete, oito, nove indiozinhos
Dez num pequeno bote.
Vinham navegando pelo rio abaixo
Quando um jacaré se aproximou
E o pequeno bote dos indiozinhos
Quase, quase virou.

Domínio público.

REFORÇO 10

Dia das Mães

No segundo domingo do mês de maio se comemora o Dia das Mães. Nesse dia procuramos homenagear aquela pessoa que o ano inteiro cuida de nós com muito amor e carinho. Por essa razão, devemos retribuir esse amor todos os dias do ano.

Muitas crianças não vivem com a mãe e, nesse dia, homenageiam outras pessoas que cuidam delas.

ATIVIDADES...

1. Leia a poesia com a ajuda do professor. Depois, faça um desenho para ilustrá-la.

> **A minha família**
> (...) Eu gosto da
> minha mãe,
> do meu pai,
> do meu irmão.
> Não sei como
> tanta gente
> cabe no meu coração.
>
> Pedro Bandeira. Por enquanto eu sou pequeno. Editora Moderna.

HISTÓRIA

2. Leve os filhotes até a mãe.

3. Escreva neste espaço um bilhete carinhoso para sua mãe ou para a pessoa que cuida de você.

REFORÇO 11

Festas Juninas

As Festas Juninas são realizadas no mês de junho em homenagem a:

- Santo Antônio, no dia 13 de junho;

- São João, no dia 24 de junho;

- São Pedro, no dia 29 de junho.

Essas festas são comemoradas pelo povo brasileiro com muita alegria e animação, principalmente nas cidades do interior do país, com música, danças, brincadeiras e comidas típicas.

Esta é uma Festa Junina em Pernambuco. Nas Festas Juninas as pessoas se divertem e dançam quadrilha com roupas típicas.

HISTÓRIA

ATIVIDADES...

1. Cante a música com seus colegas. Complete com as palavras que faltam.

> Cai, cai balão
> Cai, cai _____
> Aqui na minha _____.
>
> Não cai _____
> Não _____ não
> Não cai não
>
> Cai na rua do sabão.
>
> Domínio público.

2. Converse com os colegas e com o professor sobre os balões e discuta por que é tão perigoso soltá-los.

3. Esta é uma lista das brincadeiras comuns nas Festas Juninas. Cubra o pontilhado das palavras que já foram colocadas na lista. Depois converse com seus colegas sobre mais duas brincadeiras.

PESCARIA   JOGO DE ARGOLA
PAU DE SEBO   CORRIDA DE SACO

44

REFORÇO 12

Dia dos Pais

O Dia dos Pais é comemorado no segundo domingo do mês de agosto. Nesse dia, costumamos homenagear os pais com presentes, cartões e muito carinho.

Alguns pais não moram com os filhos. Mesmo assim, eles cuidam deles e os protegem.

É importante, nesse dia, assim como em todos os dias do ano, homenagear e mostrar nosso amor pelas pessoas que cuidam de nós.

HISTÓRIA

ATIVIDADES...

1. Assinale com um **x** as coisas que seu pai mais gosta de fazer nos fins de semana.

Pesquisar na internet.	Ler.	Lavar o carro.
Pescar.	Jogar futebol.	Ver televisão.

2. Faça um cartão com uma mensagem que você gostaria de entregar a seu pai ou à pessoa que cuida de você.

REFORÇO 13

Dia do Folclore

No dia 22 de agosto comemoramos o Dia do Folclore.

Chamamos **folclore** o conjunto de lendas, crenças, danças, músicas e costumes que formam a tradição de um povo.

O Saci-Pererê é um personagem do folclore brasileiro. A lenda da Iara é uma história que faz, também, parte do nosso folclore.

ATIVIDADES...

1. As comidas típicas do Brasil, como a feijoada e a canjica, também fazem parte do nosso folclore. Pesquise algumas comidas típicas e faça um desenho daquela de que você mais gosta.

2. Vamos brincar de adivinhar?

> *O que é, o que é?*
> *Passo no rio e não me molho*
> *Saio à noite.*
> *Às vezes cresço,*
> *Às vezes encolho.*
> *Você sabe quem eu sou?*
>
> Domínio público.

- Cubra o pontilhado e descubra a resposta.

A SOMBRA

3. Pesquise e encontre uma parlenda. Depois, copie-a no quadro.

HISTÓRIA

4. Descubra quem é.

Ela tem o corpo de uma mula. De seu pescoço saem labaredas de fogo.

Ela é a _____.

Ele tem uma perna só. Usa gorro vermelho e gosta de fazer travessuras.

Ele é o _____.

Ela é uma sereia e sua lenda é famosa na Amazônia. É chamada de mãe das águas.

Ela é a _____.

Ela tem a forma de um jacaré e tem uma voz assustadora. Apronta com as crianças que não obedecem aos pais.

Ela é a _____.

REFORÇO 14

Dia da Árvore

Em 21 de setembro comemoramos o Dia da Árvore. Nesse dia, geralmente, são iniciadas campanhas para o plantio de árvores e para o reflorestamento de áreas que foram devastadas, principalmente nas encostas das montanhas, perto das nascentes ou às margens dos rios.

As árvores não podem ser destruídas, pois preservam o solo e contribuem para a melhoria do clima de uma região.

ATIVIDADES...

1. Complete a frase com as palavras do quadro.

- Devemos _____ das _____ com _____ carinho.

| árvores |
| muito |
| cuidar |

2. Faça no quadro abaixo um desenho para estimular as pessoas a preservarem a natureza e as árvores.

REFORÇO 15

Dia das Crianças

Em 12 de outubro, comemora-se o Dia das Crianças.

É bom ser criança

É bom ser criança
Ter de todos a atenção.
Da mamãe, carinho
Do papai, proteção.
É tão bom se divertir
E não ter que trabalhar
Só comer, crescer, dormir e brincar.

É bom ser criança,
Isso às vezes nos convém.
Nós temos direitos
Que gente grande não tem. (...)

Toquinho. In: *Canção de todas as crianças*.

HISTÓRIA

ATIVIDADES

1. Leia com seu professor ou com um colega a letra da música *Canção de todas as crianças*. Depois, faça um desenho para mostrar como é bom ser criança.

2. Pinte de **vermelho** os quadros com os direitos das crianças e de **azul** os quadros com os deveres das crianças.

Ter a proteção dos pais e de outros membros da família.

Respeitar pais e professores.

Poder brincar e se divertir.

Frequentar a escola e receber assistência médica.

REFORÇO 16

Dia do Professor

Comemoramos o Dia do Professor no dia 15 de outubro.

O trabalho do professor é transmitir conhecimentos e ajudar a criança a entender o mundo à sua volta, para transformá-lo em um lugar melhor.

Em casa, a criança tem os pais para protegê-la, mas, na escola, a criança conta com a dedicação e o carinho do professor.

ATIVIDADES...

1. Qual é o nome do seu professor?

2. De qual aula você mais gosta?

3. Desenhe o presente que gostaria de oferecer a seu professor.

4. Copie as frases substituindo os desenhos por palavras.

- A [professora] ganhou um [presente] dos alunos.

_____

- No dia 15 de outubro os [alunos] ofereceram [flores] para a professora.

_____

5. Escreva um bilhete carinhoso para seu professor.

REFORÇO 17

Natal

No dia 25 de dezembro, comemoramos o Natal.

No Natal festejamos o nascimento de Jesus Cristo. Nessa época do ano, a maioria das pessoas troca presentes.

A figura do Papai Noel atrai as crianças e invade seus pensamentos com sonhos.

Árvores de Natal, presépios e luzes enfeitam as casas, as lojas e as ruas da nossa cidade.

ATIVIDADES...

1. Siga as instruções e faça uma bela ilustração de Natal. Depois, pinte o desenho.

- Desenhe dois presentes grandes dentro do saco do Papai Noel.
- Desenhe uma árvore de Natal ao lado do Papai Noel.

HISTÓRIA

2. Encontre no diagrama palavras relacionadas ao Natal.

vela   árvore de Natal   presente

música   panetone   sinos

Á	R	V	O	R	E	D	E	N	A	T	A	L
M	B	P	A	N	E	T	O	N	E	H	G	Ã
Ú	E	L	E	D	O	M	U	L	S	T	S	U
S	D	M	V	E	L	A	M	X	I	X	I	G
I	M	K	É	I	C	P	E	L	É	D	N	W
C	E	T	P	R	E	S	E	N	T	E	O	K
A	Z	J	S	U	K	O	K	A	F	P	S	J

3. Desenhe como sua família comemora o Natal.

56

Geografia

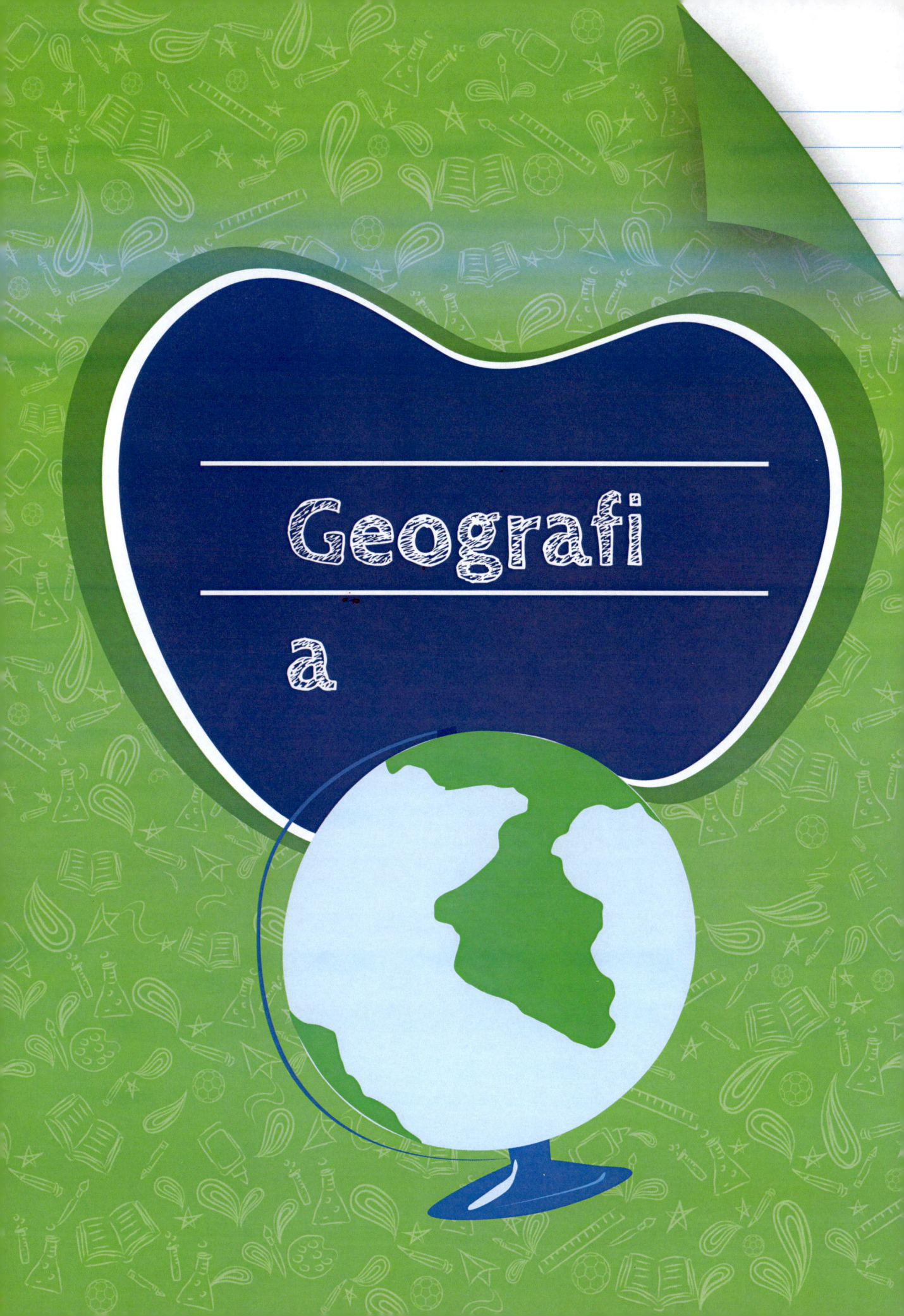

Sumário

REFORÇO 1 Você e as crianças do mundo 59
- Diferentes formas de brincar

REFORÇO 2 Seu corpo no espaço 68
- O lado direito e o lado esquerdo do nosso corpo

REFORÇO 3 As moradias 74
- As moradias são diferentes

REFORÇO 4 A escola 82
- Os espaços da sua escola
- A sala de aula

REFORÇO 5 As paisagens 94
- As paisagens transformadas

REFORÇO 6 As pessoas vão de um lugar para o outro 102
- O trânsito
- As placas de trânsito
- Os meios de transporte
- Meios de transporte particulares e meios de transporte coletivos

REFORÇO 7 As pessoas se comunicam 115
- Os meios de comunicação

REFORÇO 1

Você e as crianças do mundo

O mundo em que vivemos é muito grande e nele existem muitos países. Alguns ficam muito longe da região onde moramos.

Em todos esses países vivem crianças, muitas delas com tipo físico, costumes e estilos de vida bem diferentes dos nossos.

Observe as fotos.

criança africana

criança russa

criança indiana

criança japonesa

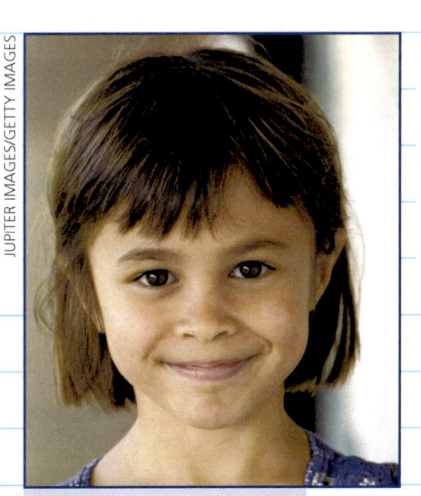

criança espanhola

criança boliviana

59

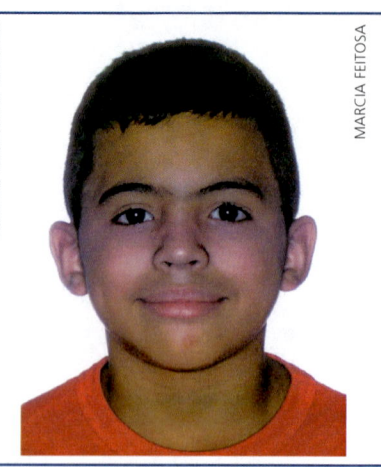

Crianças brasileiras

ATIVIDADES...

1. Com qual dessas crianças você se parece?
No espaço abaixo, faça um retrato seu. Em seu desenho, procure fazer uma representação fiel à realidade.

GEOGRAFIA

2. Cada pessoa tem suas preferências.
O que você gosta de fazer?
Observe as cenas e assinale o que você gosta de fazer.

3. Você sabe que todas as crianças do mundo têm direitos, independentemente de seu sexo, da cor de sua pele ou de sua religião.
Faça abaixo um desenho para incentivar todas as pessoas a respeitarem os direitos das crianças.

4. É importante respeitar todas as pessoas mesmo que elas tenham opiniões diferentes das nossas.

Entreviste um amigo ou uma amiga para saber o que ele ou ela gosta de fazer.

Nome do amigo ou amiga: _____

- Gosta de desenhar e pintar?

  ☐ Sim   ☐ Não

- Brincar de boneca?

  ☐ Sim   ☐ Não

- Jogar bolinha de gude?

  ☐ Sim   ☐ Não

- Pular amarelinha?

  ☐ Sim   ☐ Não

GEOGRAFIA

Diferentes formas de brincar

Todas as crianças têm o direito de brincar e se divertir. Mas existem formas diferentes de brincar.

Existem brincadeiras que são típicas de alguma região do mundo. Outras são comuns a crianças do mundo inteiro.

Crianças brasileiras empinando pipa.

Crianças indígenas brincando.

Crianças japonesas jogando *beisebol*.

63

ATIVIDADES

1. Você conhece a história dos brinquedos? Siga as pistas e adivinhe quais são os brinquedos abaixo.

bicicleta – videogame – bambolê – bola

Ela tem duas rodas e pode ser de várias cores. Foi inventada por Leonardo da Vinci e as primeiras eram feitas de madeira.

Com esse brinquedo temos acesso a jogos eletrônicos. O primeiro deles foi inventado em 1968 nos Estados Unidos.

É um dos brinquedos mais antigos que existem. É usada em vários jogos, inclusive no futebol. Há muitos anos já eram feitas com fibra de bambu, no Japão, e com pelos de animais, na China.

Tem forma circular. Foi criado no Egito há três mil anos. Nessa época, era feito com galhos secos de pé de uva.

GEOGRAFIA

2. Na sua escola, qual é a brincadeira preferida dos alunos na hora do recreio? Faça um desenho.

3. Encontre no diagrama o nome dos brinquedos e das brincadeiras do quadro.

| pega-pega |
| skate |
| xadrez |
| gude |
| amarelinha |
| cabra-cega |
| pipa |

A	I	N	K	O	H	C	E	I	P	A	Z
X	A	D	R	E	Z	A	P	H	C	M	B
S	L	G	U	B	G	B	T	P	N	A	O
U	P	R	Z	Q	S	R	D	I	O	R	V
J	G	U	D	E	M	A	X	P	Z	E	I
M	S	D	J	K	U	–	E	A	T	L	A
F	X	L	B	T	R	C	T	H	U	I	G
P	E	G	A	–	P	E	G	A	X	N	J
A	Q	M	E	R	V	G	V	K	F	H	Q
L	N	F	C	S	K	A	T	E	X	A	C

65

4. Você conhece trava-línguas e parlendas? São formas divertidas de brincar com as palavras. Com a ajuda do professor, leia os textos abaixo. Depois, pesquise uma parlenda ou um trava-língua e copie no quadro.

Parlenda

Salada, saladinha
Bem temperadinha
Com sal, pimenta
Um, dois, três.

Domínio público.

Trava-língua

Três pratos de trigo
para três tigres tristes.

Domínio público.

GEOGRAFIA

5. Você gosta de brincar com bola? Com a ajuda do professor, leia o texto. Depois, desenhe a bola nos locais pedidos, seguindo as instruções.

Parlenda

Ela está sempre em movimento.
Para a frente
Para trás
Para um lado
Para o outro.
No alto
Embaixo
No chão
No ar.
Rolando ou quicando
Com ela eu adoro brincar.

Domínio público.

- Ao lado da menina:
- Acima do menino:

REFORÇO 2

Seu corpo no espaço

Às vezes, estamos perto. Outras vezes, estamos longe.

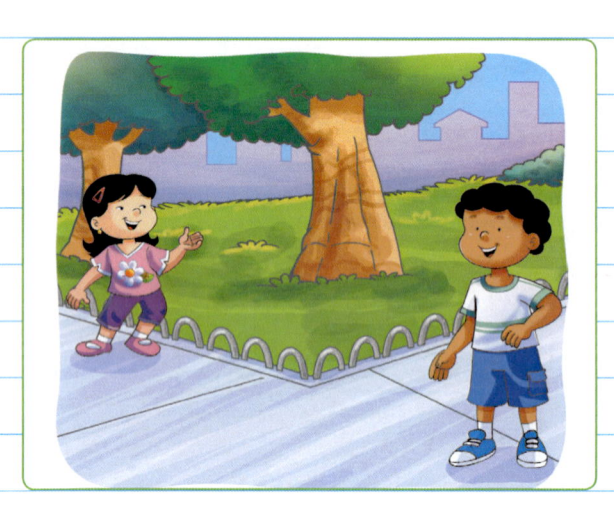

As coisas podem estar à nossa frente, ao nosso lado, atrás de nós etc. Precisamos conhecer as direções para nos localizarmos.

GEOGRAFIA

ATIVIDADES

1. Marque com um **x** as coisas que estão perto de você neste momento.

☐ cadeira   ☐ régua   ☐ árvore

☐ rio   ☐ lápis de cor   ☐ ônibus

2. A sua casa fica perto ou longe da escola?

☐ perto   ☐ longe

3. Olhe para a frente. Faça um desenho do que você vê.

4. Escreva o nome do colega que se senta:

- a seu lado:
- a sua frente:
- atrás de você:

O lado direito e o lado esquerdo do nosso corpo

Nosso corpo tem dois lados: o lado direito e o lado esquerdo. Do lado direito, a menina vê um cachorro. Do lado esquerdo, ela vê uma bicicleta.

Ela mudou de posição, virou de costas. Então, vê o cachorro do lado esquerdo e a bicicleta do lado direito.

GEOGRAFIA

ATIVIDADES...

1. Vamos fazer uma pesquisa? Fique de frente para sua escola e registre:

- o que há do lado direito dela;
- e o que há do lado esquerdo.

2. Adivinhe quem é?

João   *Ana*   *Pedro*   *Carla*

a) Do seu ponto de vista, quem está à direita de Pedro?

b) Do seu ponto de vista, quem está no canto esquerdo?

c) Do seu ponto de vista, quem está à esquerda de Carla?

d) Do seu ponto de vista, quem está à direita de João?

71

3. Esta é Luana. Siga as instruções e faça o que se pede.

- Desenhe uma pulseira na mão esquerda de Luana.
- Pinte a árvore que está próxima à mão direita de Luana.
- Circule o cachorro que está mais perto de Luana.
- Desenhe nuvens acima de Luana.
- Desenhe flores embaixo do cachorro que está mais longe de Luana.

GEOGRAFIA

4. Descubra o que o menino e a menina vão fazer. Siga as instruções e vá pintando os quadrinhos para encontrar o caminho certo.
- O menino deve andar três quadrinhos para cima e, depois, dois quadrinhos para a direita.
- A menina deve andar três quadrinhos para a esquerda e, depois, dois quadrinhos para baixo.

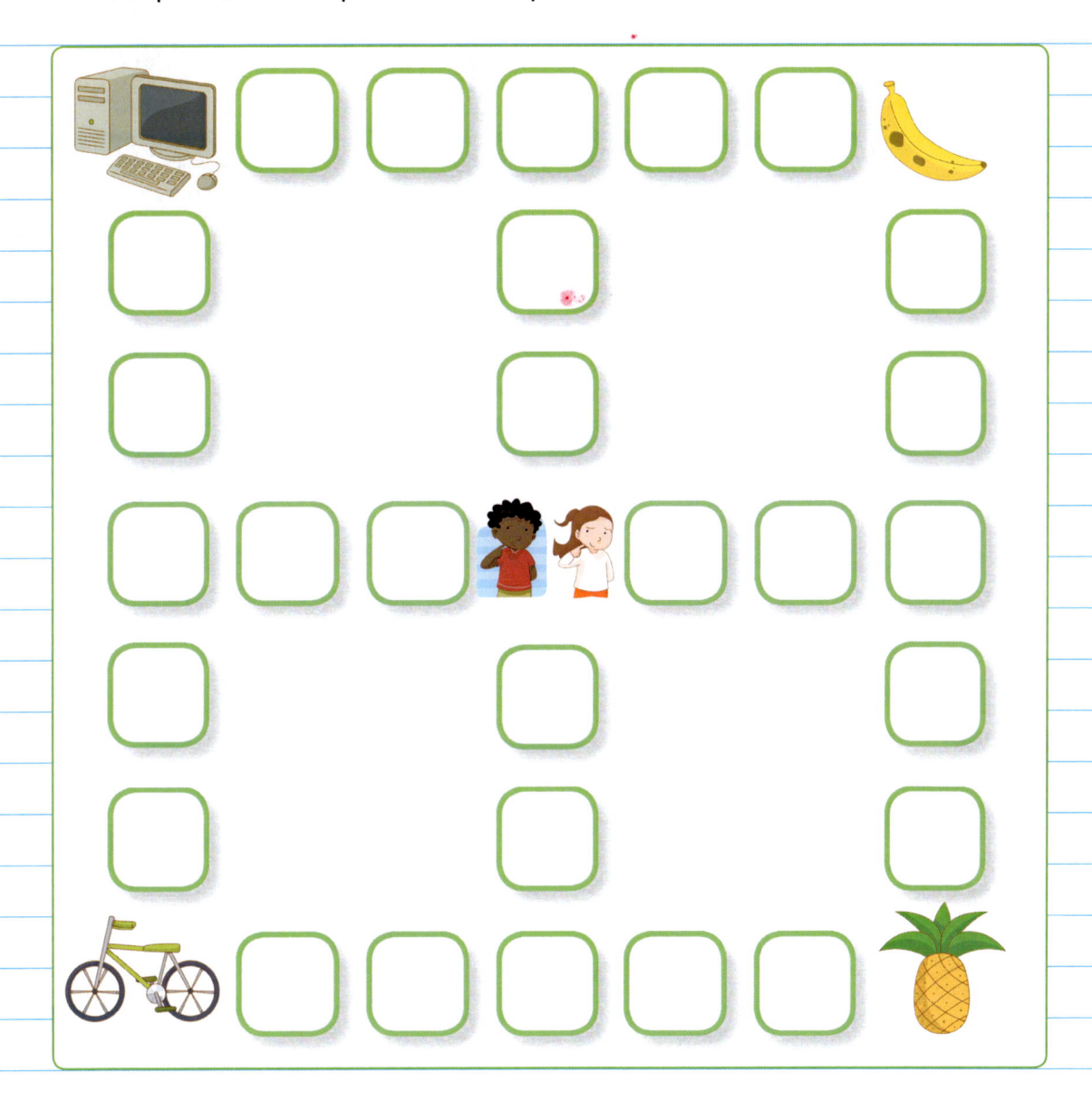

- O menino vai: _____
- A menina vai: _____

73

REFORÇO 3

As moradias

Todos nós precisamos de uma casa para morar: uma casa que nos abrigue e ofereça conforto e segurança.

Nossa casa é a nossa moradia.

Devemos cuidar sempre muito bem dela.

ATIVIDADES

1. Onde fica sua casa? Peça ajuda a seus pais ou aos adultos que moram com você e copie seu endereço no quadro.

_____
_____
_____
_____

GEOGRAFIA

2. Desenhe na casa as pessoas que moram com você.

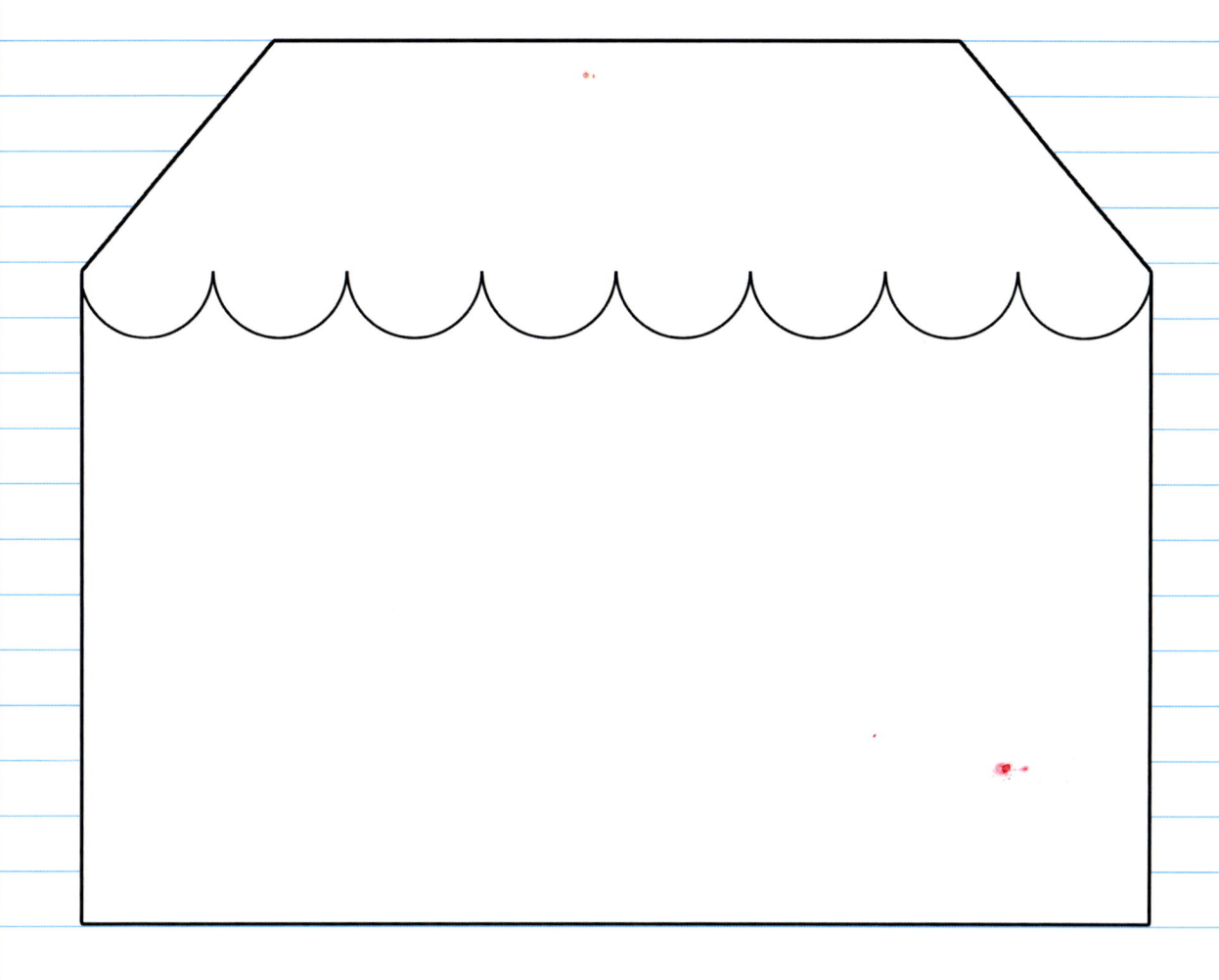

3. Escreva o nome das pessoas que moram na sua casa.

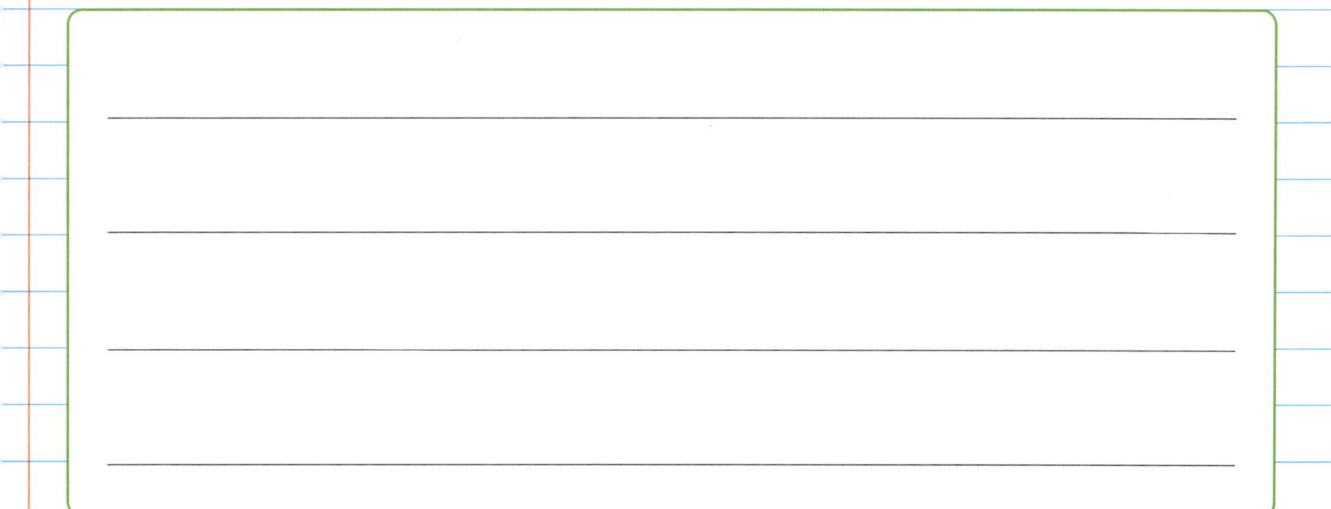

4. Com a ajuda do professor, leia o trecho da música e cantem juntos.

A casa

Era uma casa muito engraçada
Não tinha teto, não tinha nada
Ninguém podia entrar nela, não
(...)

Vinicius de Moraes.

- Tente fazer um desenho dessa casa. Você conseguiria viver nela?

GEOGRAFIA

As moradias são diferentes

As pessoas podem morar em casas, apartamentos, ocas e outros tipos de moradia.

Também existem vários materiais para a construção das moradias: tijolos e cimento, madeira, barro amassado com palha, entre outros materiais.

prédio de apartamentos

oca

casa de pau a pique

casa térrea

Muitas vezes, as moradias são construídas para se adequar ao clima ou às características dos lugares.

As palafitas são casas construídas sobre troncos, à beira de rios ou em lugares alagados.

Os iglus são construções feitas com blocos de gelo. Pode não parecer, mas as paredes de gelo mantêm o interior da habitação aquecido.

GEOGRAFIA

ATIVIDADES...

1. Como é a sua moradia? Desenhe-a.

2. Quais destes materiais foram usados na construção de sua moradia? Marque com um **x**.

☐ madeira ☐ barro amassado ☐ blocos de gelo

☐ tijolo ☐ troncos de árvore ☐ blocos de pedra

☐ cimento ☐ vidro ☐ palha

3. Para ser confortável, como deve ser uma moradia? Escolha três palavras do quadro e copie-as nas linhas abaixo.

arejada – segura – limpa – clara – arrumada – escura

_____
_____

4. Ligue os tipos de moradia a seus nomes.

iglu

prédio de apartamentos

casas

oca

palafita

GEOGRAFIA

5. Pinte as partes da casa seguindo a legenda.

- A parede de **amarelo**.
- O telhado de **verde**.
- A porta de **azul**.
- As janelas de **vermelho**.

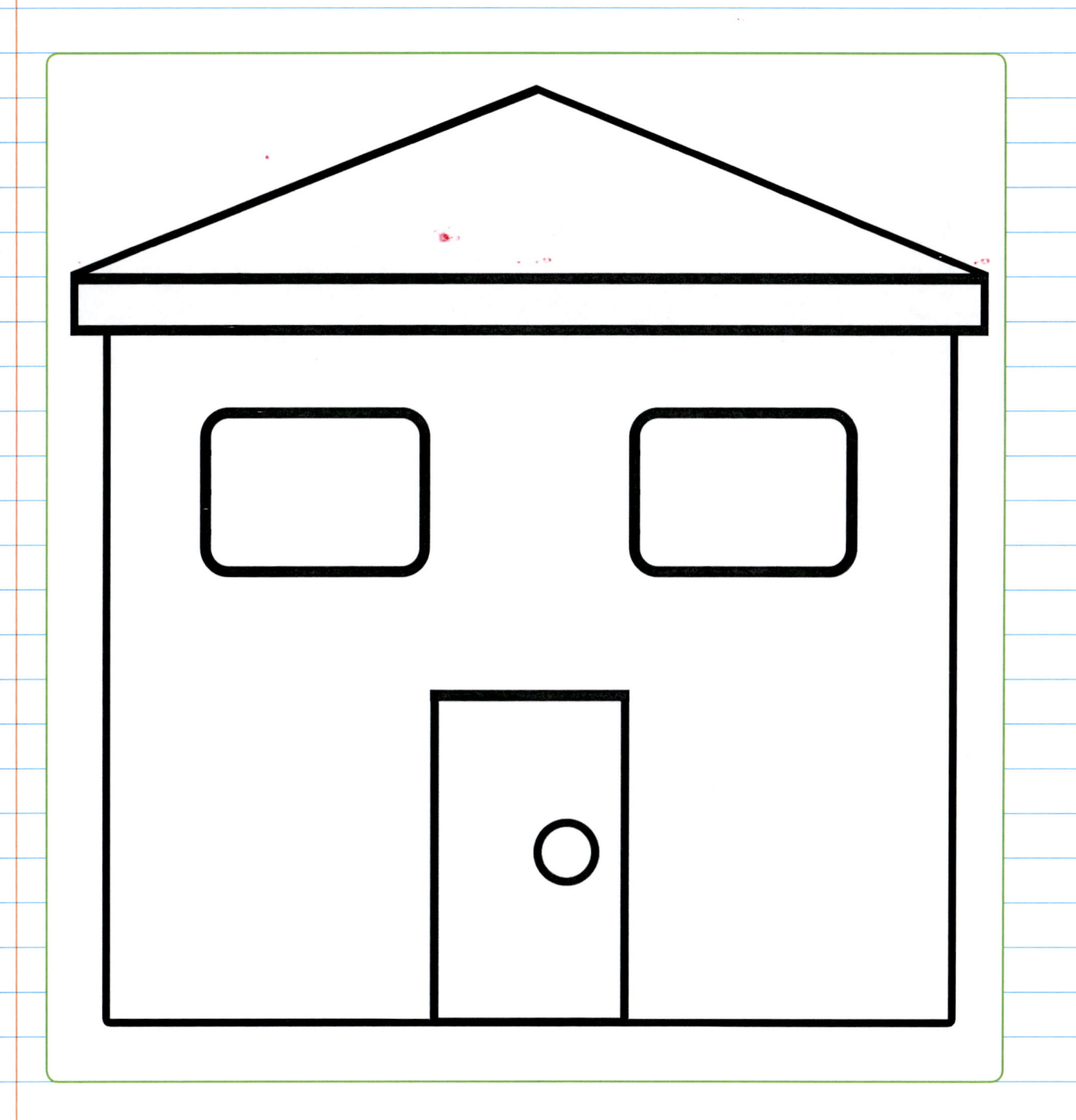

81

REFORÇO 4

A escola

Toda criança tem direito de ir à escola para estudar.

A escola é um lugar especial, onde aprendemos coisas novas, conhecemos pessoas e fazemos amigos.

Na escola podemos desenvolver várias atividades:
- estudar;
- brincar;
- cantar/dançar;
- praticar esportes;
- desenhar;
- pintar;
- aprender;
- ouvir histórias.

São tantas coisas boas para fazer! Só a escola é um lugar assim.

GEOGRAFIA

ATIVIDADES...

1. Desenhe a sua escola.

- Escreva o nome da sua escola.

2. Quais destas atividades você faz na sua escola? Assinale com um **x**.

☐ leitura ☐ desenho ☐ jogos

☐ escrita ☐ brincadeiras com bola ☐ danças

☐ pintura ☐ aulas de música ☐ gincanas

3. Com a ajuda do professor, complete as informações.

- Quantos alunos há na sua classe?

☐ alunos.

- Quantas salas de aula há na sua escola?

☐ salas de aula.

- Quantos professores trabalham na sua escola?

☐ professores.

4. Escreva as coisas que você mais gosta de fazer na escola.

_____

_____

_____

GEOGRAFIA

Os espaços da sua escola

Algumas escolas são grandes, outras são pequenas.
Diretoria, secretaria, salas de aula, banheiros, pátio e refeitório são espaços que fazem parte de uma escola.
Algumas escolas são muito grandes e têm também: biblioteca, laboratório, cantina, ginásio de esportes, teatro e enfermaria.

Sala de aula em uma escola rural no interior de Pernambuco.

Crianças brincando num parquinho no Sudeste do Brasil.

ATIVIDADES...

1. Como é a sua escola?

☐ grande ☐ média ☐ pequena

2. Assinale com um **x** os espaços que existem em sua escola.

GEOGRAFIA

3. Qual é seu espaço preferido na escola? Faça um desenho da atividade que você realiza nesse local.

A sala de aula

Na sala de aula os alunos ouvem a professora, leem, escrevem, fazem trabalhos e trocam ideias.

As salas de aula podem ser diferentes, mas, em geral, elas têm mesas, carteiras, lousa, armários, cesto de lixo, entre outros objetos.

Esse espaço, onde os alunos estudam, deve ser sempre bem iluminado, arejado e limpo.

A planta da sala de aula

Veja a planta de uma sala de aula:

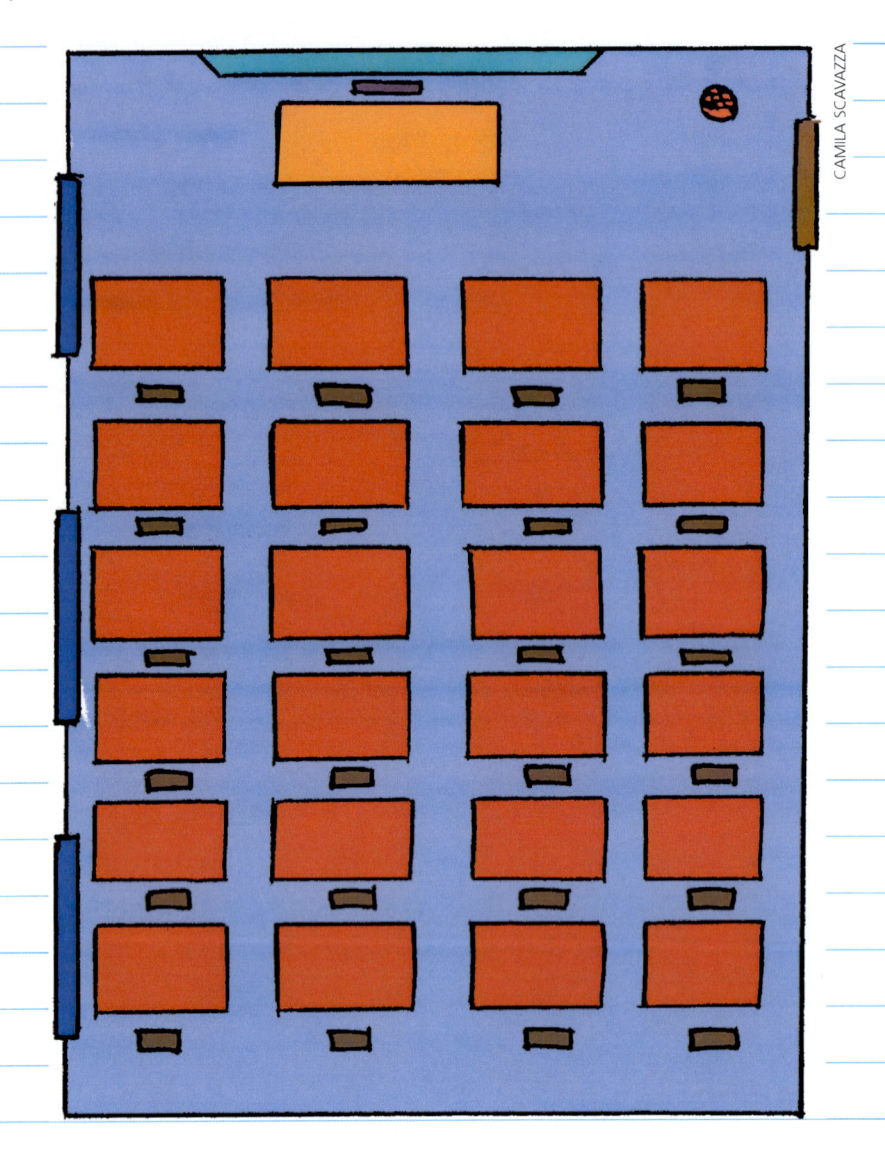

CAMILA SCAVAZZA

> Planta é o desenho que representa um espaço.
> Não podemos reproduzir os objetos em tamanho real, por isso os representamos com esquemas.
> Numa planta, os lugares e os objetos são mostrados como se estivéssemos vendo-os de cima, o que chamamos de **vista de cima**.

GEOGRAFIA

Para entendermos melhor o desenho representado em uma planta, usamos **legendas**.

A legenda indica o significado de cada desenho da planta.

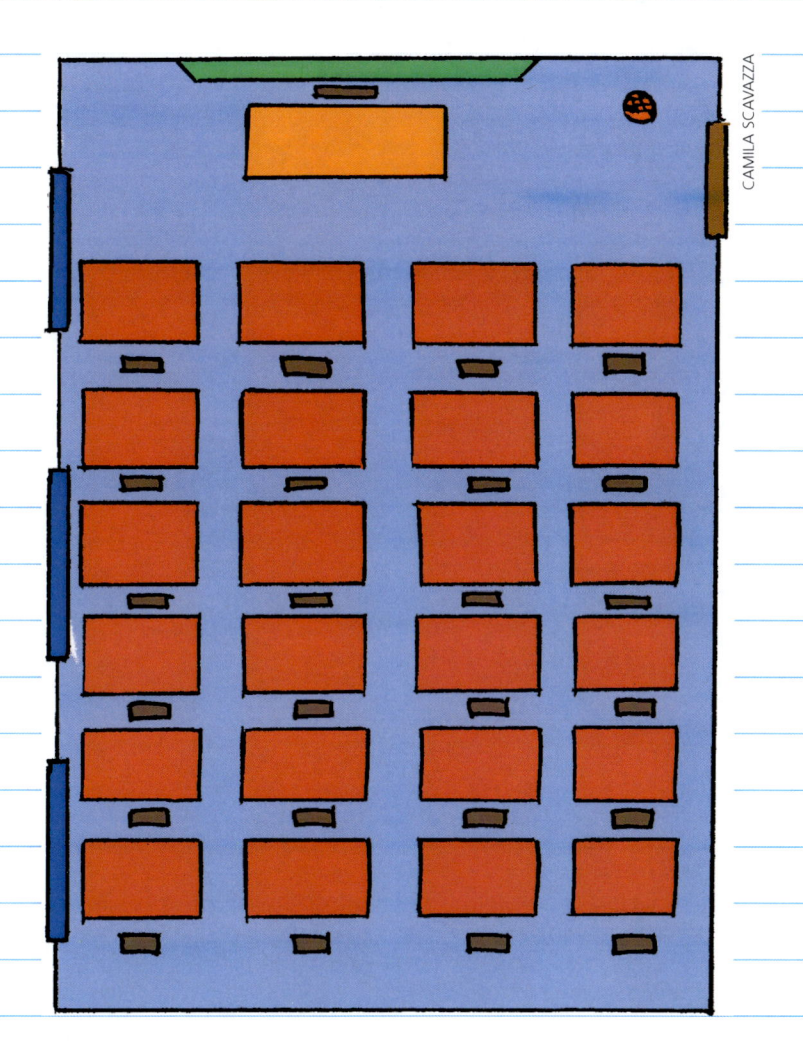

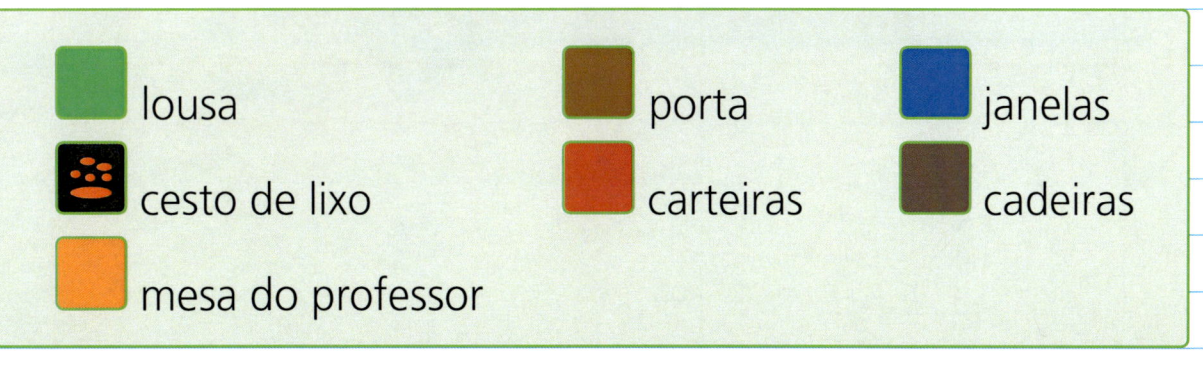

- 🟩 lousa
- ⬛ cesto de lixo
- 🟧 mesa do professor
- 🟫 porta
- 🟥 carteiras
- 🟦 janelas
- ⬛ cadeiras

89

ATIVIDADES

1. Observe a planta da página anterior e responda.
De que forma a sala de aula foi observada para que essa representação fosse feita?

☐ de frente ☐ de lado ☐ de cima

2. Examine novamente a planta.
Para representar cada objeto da sala de aula foi utilizado um símbolo. Desenhe o símbolo que representa cada um dos elementos.

GEOGRAFIA

3. Observe sua sala de aula e marque **sim** ou **não**.

- Sua sala de aula é bem espaçosa? ☐ sim ☐ não

- Ela é bem iluminada? ☐ sim ☐ não

- Ela é arejada? ☐ sim ☐ não

4. Quantos destes objetos existem em sua sala de aula? Conte e complete as quantidades.

☐ mesa(s)   ☐ lousa(s)

☐ carteira(s)   ☐ porta(s)

☐ armário(s)   ☐ janela(s)

5. Desenhe o que você mudaria em sua sala de aula.

6. Faça um gráfico para comparar a quantidade de meninos e de meninas em sua sala de aula.

alunos da sala		
		15
		14
		13
		12
		11
		10
		9
		8
		7
		6
		5
		4
		3
		2
		1
meninos	meninas	

Pinte no gráfico:

Um ⬛ para cada menino.

Um ⬛ para cada menina.

Conte e complete:
Há _____ meninos.
Há _____ meninas.

- Na sua classe há mais meninos ou meninas?

7. Faça uma planta de sua sala de aula. Lembre-se de que as plantas são desenhos a partir da vista de cima de um local. Faça também uma legenda em sua planta.

REFORÇO 5

As paisagens

A caminho da escola os alunos podem passar por vários lugares e observar diferentes paisagens.

Alguns moram em locais movimentados e passam por ruas cheias de veículos, com muitas casas, lojas e edifícios.

Vista aérea da cidade de São Paulo, SP.

GEOGRAFIA

Outros moram em cidades pequenas e tranquilas, com muitas árvores, praças e ruas com pouco movimento.

São Luís do Maranhão, MA.

Existem crianças que moram no campo e passam por sítios e fazendas, lugares com muitas árvores, plantações ou criação de animais.

Vista aérea de Corumbataí, cidade no interior de São Paulo.

ATIVIDADES...

1. Como é a paisagem que você vê em seu caminho para a escola? Desenhe essa mesma paisagem no caminho do menino até a escola.

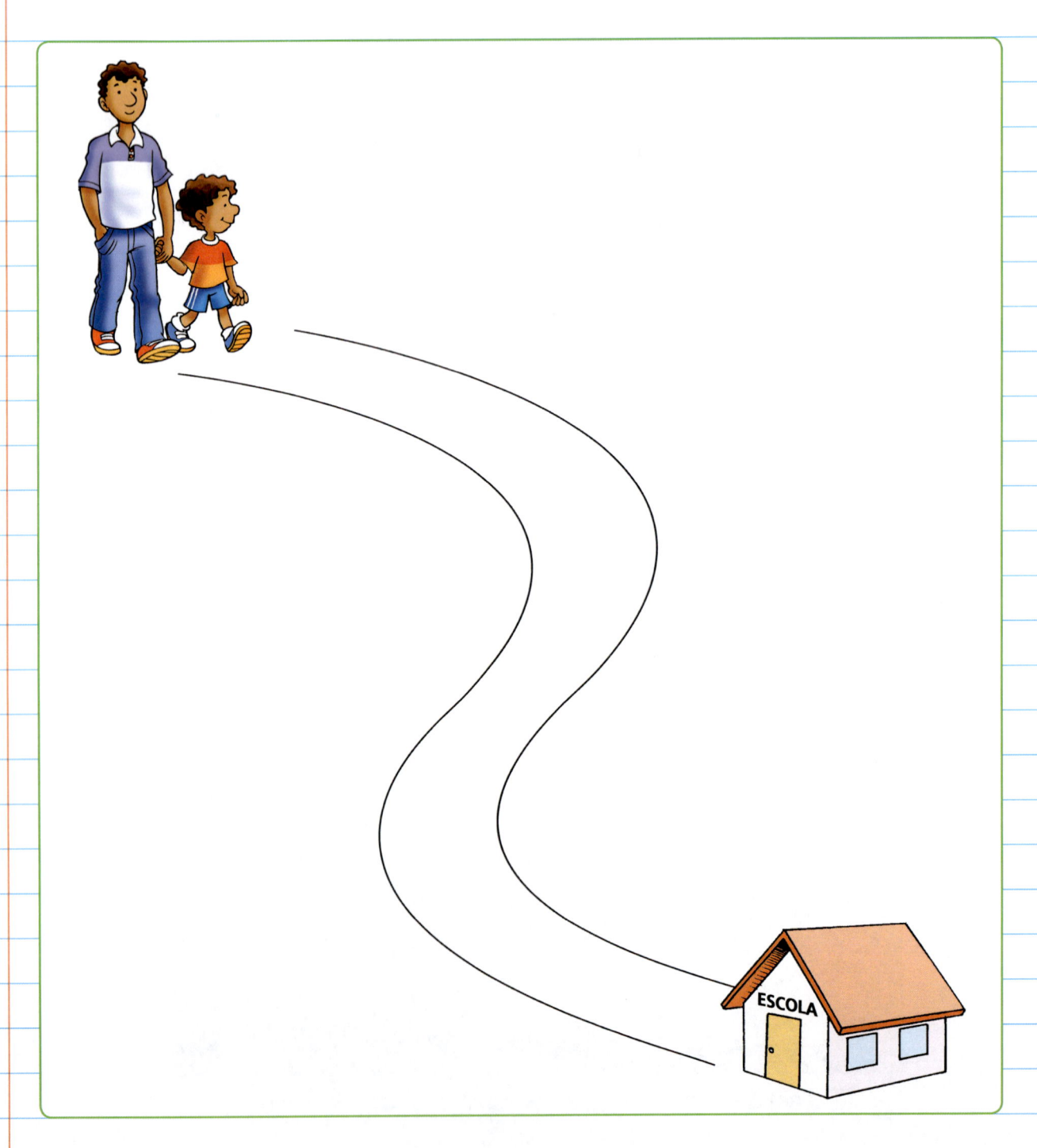

GEOGRAFIA

2. Você vê algum destes lugares em seu caminho para a escola? Assinale com um **x**.

☐ praça ☐ padaria

☐ supermercado ☐ fazenda

☐ livraria ☐ outra escola

☐ hospital ☐ delegacia

☐ *shopping center* ☐ banco

☐ plantação ☐ estacionamento

3. A paisagem das cidades é chamada de paisagem urbana. Pinte os quadrinhos com elementos que, em geral, fazem parte da paisagem urbana.

árvores	edifícios	muitas pessoas
carros	pasto para gado	animais selvagens
tratores	plantações	estradas de terra
postes	semáforos	placas de propaganda

97

4. A paisagem do campo é chamada de paisagem rural. Siga as indicações e depois pinte a cena da paisagem rural.

- Marque um **x** na escola.
- Circule os tratores e os caminhões que transportam os produtos do campo.
- Faça uma **+** nas áreas de criação de animais.

5. Na sua cidade, você vê:

☐ paisagem rural ☐ paisagem urbana

6. Qual é o nome da sua cidade?

GEOGRAFIA

As paisagens transformadas

Para ocupar uma região, os seres humanos transformam a paisagem natural.

Abrimos ruas e avenidas, construímos casas, edifícios, pontes e outras coisas de que precisamos para a vida nas cidades.

Também nas áreas rurais transformamos a paisagem natural para plantar alimentos ou criar animais.

Paisagem natural.

Paisagem transformada.

99

ATIVIDADES

1. Desenhe uma paisagem natural onde só existam árvores, plantas nativas e animais.

PAISAGEM NATURAL

2. Desenhe uma paisagem transformada pelas pessoas, com ruas, casas, prédios e pessoas passando.

PAISAGEM TRANSFORMADA

GEOGRAFIA

3. Observe a paisagem desta foto. Quais modificações alteraram a paisagem natural?

4. Desenhe como seria a paisagem da atividade anterior sem as modificações feitas pelas pessoas.

101

REFORÇO 6

As pessoas vão de um lugar para o outro

O trânsito

As pessoas e os veículos se movimentam o tempo todo pelas ruas e pelas estradas, tanto nas áreas urbanas quanto nas áreas rurais.

A essa movimentação de pessoas, carros, caminhões, trens, aviões, ônibus, motocicletas etc. chamamos de **trânsito**.

Vista aérea da Avenida Paulista, São Paulo, SP.

GEOGRAFIA

Para controlar a movimentação de pessoas e veículos nas ruas foram criados os **sinais de trânsito**. Há sinais que controlam a circulação dos veículos e sinais que controlam a movimentação das pessoas.

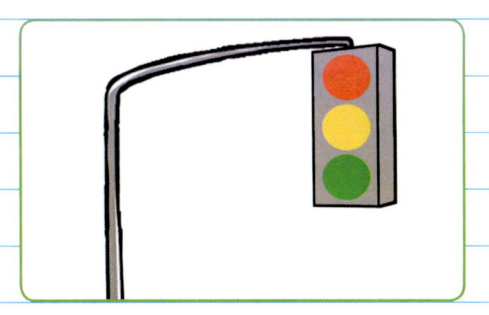

Você conhece os sinais de trânsito?

- O **vermelho** indica PARE.

- O **amarelo** indica ATENÇÃO, para que os motoristas reduzam a velocidade e parem.

- O **verde** indica SIGA.

As pessoas só devem atravessar a rua quando o sinal estiver verde para elas e vermelho para os carros.

Elas devem usar a **faixa de pedestres**.

ATIVIDADES...

1. Marque com um **x** as alternativas corretas.

☐ As pessoas devem atravessar somente na faixa de pedestres.

☐ Os veículos podem seguir se o sinal estiver verde para os pedestres.

☐ O sinal amarelo indica que os motoristas devem ter atenção para reduzir a velocidade e parar.

☐ Quando o sinal de pedestres está vermelho, as pessoas podem atravessar a rua.

☐ Quando o sinal de veículos está verde, os pedestres não podem atravessar a rua.

2. Pinte corretamente os semáforos de pedestres.

Pare!   Atravesse!

3. Complete a frase usando as palavras do quadro.

acidentes   motoristas   pedestres

Obedecendo os sinais de trânsito, _____ e _____ evitam _____.

GEOGRAFIA

As placas de trânsito

Para orientar o movimento de pedestres e veículos, contamos também com as **placas de trânsito**. Elas indicam o que motoristas e pedestres podem ou não podem fazer.

Veja algumas placas que ajudam a orientar o trânsito.

parada obrigatória	proibido trânsito de bicicletas	velocidade máxima permitida
proibido estacionar	estacionamento regulamentado	área escolar

É importante respeitar os sinais e as placas de trânsito para evitar acidentes e garantir a segurança de todos.

ATIVIDADES

- Assinale as situações descritas e ligue-as às placas de trânsito correspondentes.

Esta placa indica a velocidade máxima a que o motorista pode conduzir seu veículo em determinada rua.

Se o motorista avistar esta placa, ele precisará procurar outro lugar para estacionar seu veículo.

Quando avistar esta placa, o motorista deve reduzir a velocidade de seu veículo, porque pode haver passagem de pedestres que se dirigem a uma escola.

Quando passa por um cruzamento com esta placa, o motorista deve parar seu veículo e dar preferência de passagem aos motoristas da outra rua do cruzamento.

GEOGRAFIA

Os meios de transporte

Para percorrer longas distâncias usamos os meios de transporte. Os meios de transporte podem ser terrestres, marítimos ou aéreos.

- **Terrestres**: quando se deslocam pela terra.

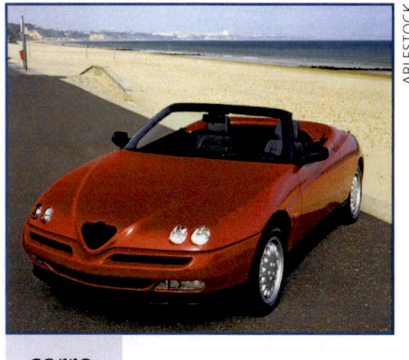

carro — ônibus — trem

- **Aquáticos**: quando se deslocam por rios, lagos, mares e oceanos.

canoa — lancha — navio

- **Aéreos**: quando se deslocam pelo ar.

helicóptero — avião

107

ATIVIDADES...

1. Alguns destes meios de transporte transitam perto da sua casa? Assinale com um **x**.

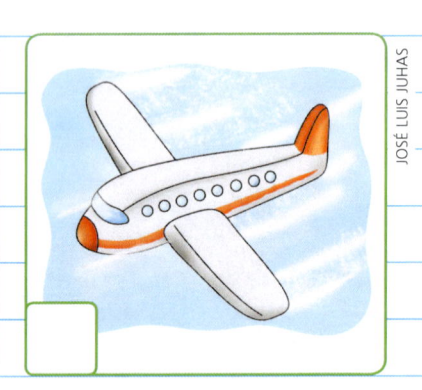

2. Os meios de transporte da atividade anterior são:

☐ aquáticos

☐ aéreos

☐ terrestres

- Você costuma usar algum deles? Quais?

108

GEOGRAFIA

3. Nas áreas rurais são utilizados, ainda, outros meios de transporte, como as carroças. Muitas vezes o cavalo também é usado para o transporte de pessoas. Complete o desenho com elementos de uma paisagem rural.

4. Ligue os pontos de acordo com a sequência numérica para completar as figuras e escreva o nome dos meios de transporte que você descobriu.

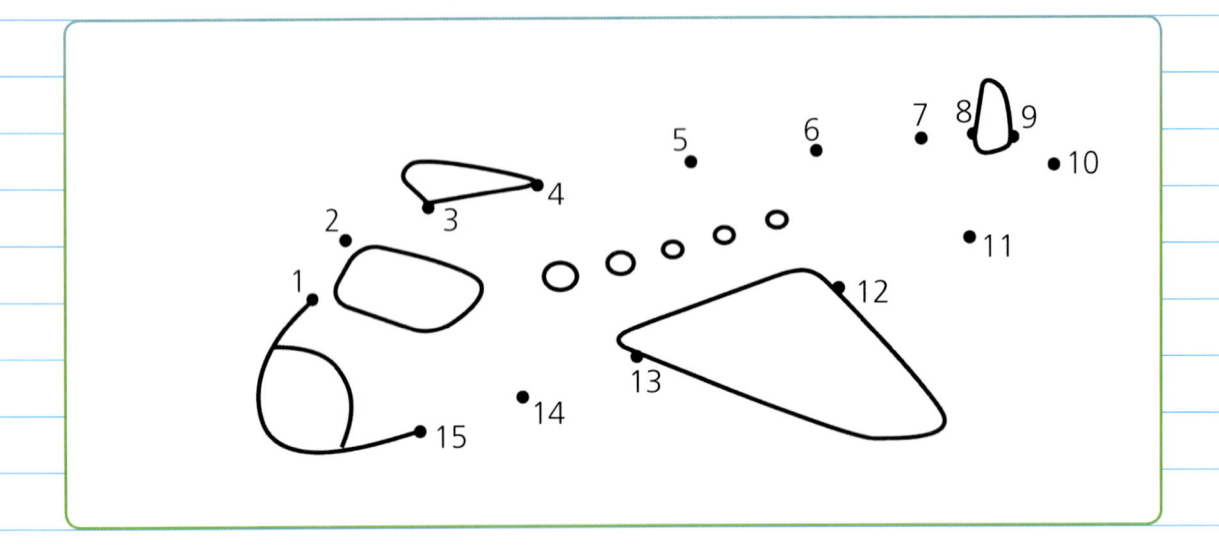

- Qual deles é um meio de transporte aéreo?

GEOGRAFIA

5. Você utiliza algum meio de transporte para ir à escola?

☐ Sim   ☐ Não

- Se você utiliza, desenhe-o e escreva o nome dele.

6. Encontre no diagrama o nome de **seis** meios de transporte aquáticos.

				B	N	S	K	O	V	V	B
				W	A	X	F	V	D	E	W
				A	V	L	D	A	P	L	K
B	C	D	I	F	I	G	B	Z	J	E	C
O	I	M	L	H	O	Q	A	M	L	I	F
V	R	J	B	C	Y	T	L	J	A	R	P
K	T	S	I	Q	E	M	S	D	N	O	H
L	J	A	N	G	A	D	A	R	C	X	N
T	Z	E	K	E	H	U	L	G	H	N	S
E	Y	G	J	O	C	A	N	O	A	B	A

111

Meios de transporte particulares e meios de transporte coletivos

Meios de transporte podem ser particulares ou coletivos.

Os transportes particulares transportam poucas pessoas ou apenas uma. Carros, motos e bicicletas são exemplos de transportes particulares.

Os transportes coletivos podem ser usados por muitas pessoas. Trem, metrô, ônibus e balsas são transportes coletivos.

GEOGRAFIA

ATIVIDADES

1. Complete a cruzadinha com o nome dos meios de transporte.

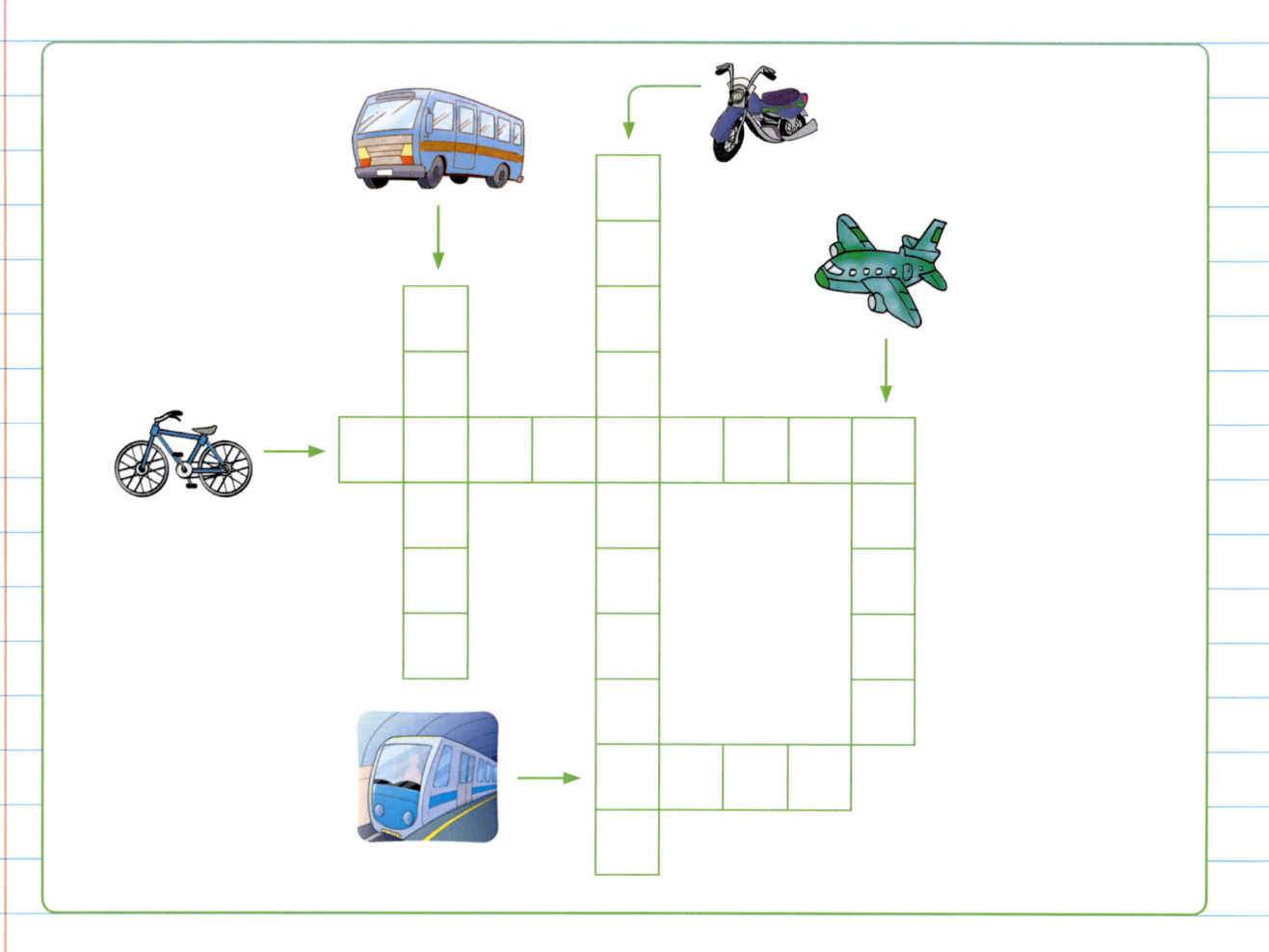

2. Dos meios de transporte acima, quais são particulares e quais são coletivos? Escreva os nomes no local correto do quadro.

particulares	coletivos

113

GEOGRAFIA

3. Com a ajuda do professor leia a letra da música. Depois cante e faça uma ilustração para a canção.
Na letra da música, pinte o meio de transporte.

A canoa virou
por deixá-la virar,
foi por causa do Zé
que não soube remar.
Tiriri pra lá,
tiriri pra cá,
o Zé é velho
E não quer casar.

        Domínio público.

REFORÇO 7

As pessoas se comunicam

As pessoas se comunicam falando, escrevendo ou através de gestos.

Os meios de comunicação

Utilizamos vários meios que foram inventados para facilitar nossa comunicação. Eles também servem para nosso entretenimento.

Para nos comunicar com pessoas distantes, podemos enviar cartas ou telegramas, ou usar o telefone e as formas de comunicação por meio da internet, como o *e-mail*.

Para nosso entretenimento ou para saber o que está acontecendo no mundo, podemos ouvir rádio, assistir à televisão ou acessar a internet.

Ler livros, jornais e revistas também são formas de obter informações e de se divertir.

ATIVIDADES...

1. Pinte os desenhos dos meios de comunicação que normalmente você utiliza.

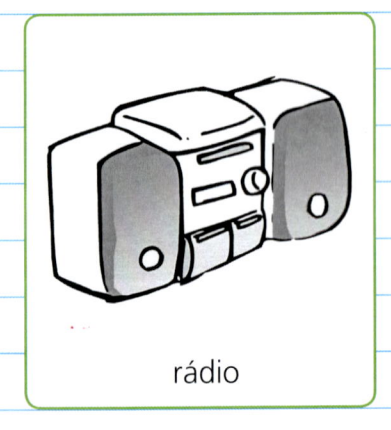

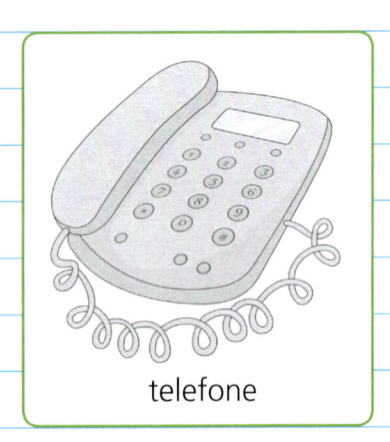

história em quadrinhos	livro de histórias	televisão

rádio	computador	telefone

2. Siga as dicas, descubra os meios de comunicação e complete os nomes com as letras que faltam.

a) Traz diariamente notícias escritas.

☐ ☐ R ☐ ☐ L

b) Transmite músicas e notícias.

R ☐ ☐ ☐ O

GEOGRAFIA

c) Transmite noticiários, novelas e filmes.

| T | | L | | | | S | Ã | O |

d) É uma forma de carta que se envia pela internet.

| | – | | | | L |

3. Siga as instruções.

- Circule os meios de comunicação falados.
- Faça um **x** nos meios de comunicação escritos.

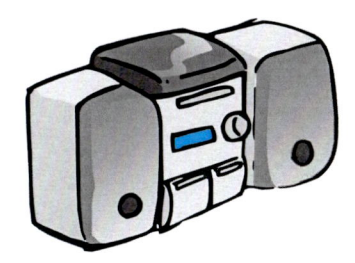

4. Encontre no diagrama o nome dos meios de comunicação listados no quadro. Depois, escolha um deles e faça um desenho de pessoas utilizando-o.

carta – livro – rádio – jornal – celular – telefone

C	A	R	T	A	D	X	B	C	K	C	A
E	B	C	V	R	E	M	L	L	M	E	G
R	E	G	A	D	Z	A	D	I	U	L	P
Á	D	Q	C	L	D	C	L	V	B	U	S
D	M	J	O	R	N	A	L	R	T	L	A
I	D	I	U	T	P	L	D	O	K	A	W
O	M	T	E	L	E	F	O	N	E	R	H

GEOGRAFIA

5. Escreva uma carta para um amigo e, com a ajuda do professor, preencha corretamente os dados do envelope.

Remetente: _____
Endereço: _____

Destinatário: _____
Endereço: _____
_____

Ciências

Sumário

REFORÇO 1   **O ambiente** 123
- Atenção com o meio ambiente
- Seres vivos e elementos não vivos

REFORÇO 2   **O ar, a água e o solo** 131
- O ar
- A água
- O solo

REFORÇO 3   **Os animais** 139
- Revestimento dos animais
- Alimentação dos animais
- Reprodução dos animais

REFORÇO 4   **Os animais e os seres humanos** 154
- Animais domesticados e animais silvestres
- Animais utilizados pelo ser humano
- Animais que podem ser nocivos ao ser humano

REFORÇO 5   **As plantas** 164
- As plantas nos ambientes
- As plantas e suas necessidades

REFORÇO 6   **Os seres humanos** 171
- As partes do corpo
- Os nossos sentidos

REFORÇO 7   **Higiene e saúde** 183

REFORÇO 8   **Os astros** 189
- As estações do ano

REFORÇO 9   **Medindo o tempo** 195
- As horas e os dias
- Os meses do ano

REFORÇO 1

O ambiente

Ambiente é o lugar onde vivem as pessoas, os animais, as plantas. O céu, o solo, o ar, a água também fazem parte do ambiente.

Existem muitos tipos de ambiente. Observe alguns deles nas fotos a seguir.

Floresta

Cidade

Deserto

Sala de aula.

ATIVIDADES...

1. Pinte o ambiente representado na figura de acordo com a legenda.

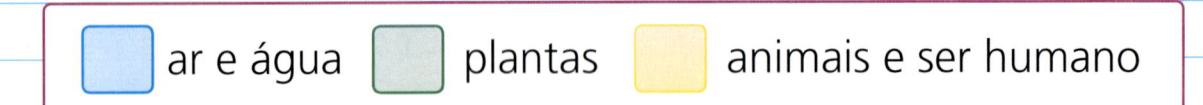

☐ ar e água   ☐ plantas   ☐ animais e ser humano

2. Procure no diagrama as palavras do quadro.

solo	ar	água
ser humano	plantas	animais

S	K	Á	G	U	A	X	B	C	K	C	A
O	B	C	V	R	E	M	L	L	M	E	R
L	E	A	M	B	I	E	N	T	E	L	P
O	D	S	E	R	H	U	M	A	N	O	J
D	M	J	O	R	A	N	I	M	A	I	S
P	L	A	N	T	A	S	D	O	R	A	W

124

CIÊNCIAS

3. Observe a rua em que você mora. Faça uma lista com cinco elementos que você vê nesse ambiente.

4. Observe o ambiente de sua sala de aula. Desenhe alguns objetos que fazem parte dela.

Atenção com o meio ambiente

Todos os tipos de ambiente, como as florestas, os desertos, as cidades, a sua sala de aula, entre outros, precisam ser preservados. Por isso, é necessário respeito, conservação, limpeza e cuidado, para evitar sua destruição.

Um dos problemas para o meio ambiente é o lixo depositado no solo, rios, lagos e mares.

O lixo pode ser orgânico, quando provém de restos de vegetais e animais; e inorgânico, quando provém de elementos não vivos ou materiais produzidos pelo ser humano. O lixo orgânico pode ser usado para fazer adubo. Já vários materiais inorgânicos que vão para o lixo podem ser reciclados e utilizados na fabricação de novos produtos.

Outro problema para o ambiente é a poluição do ar provocada, principalmente, pela fumaça que sai de veículos e pela produção das fábricas. A poluição do ar é muito alta nas grandes cidades, onde há muitos veículos circulando.

ATIVIDADES

1. Observe os ambientes. Faça um **x** no quadrinho da foto que mostra o ambiente mais preservado.

CIÊNCIAS

2. Observe as figuras abaixo. Pinte aquelas que mostram atitudes de cuidado com o ambiente.

3. Observe as imagens e pinte os quadrinhos de amarelo para lixo orgânico e verde para lixo reciclável.

127

Seres vivos e elementos não vivos

No ambiente existem seres **vivos** e elementos **não vivos**.
Os **seres vivos** são aqueles que nascem, alimentam-se, crescem, reproduzem-se e morrem.

Os seres humanos, os outros animais e as plantas são seres vivos.

Todos os seres vivos necessitam de alimento, água, ar, luz e calor para viver.
Os **elementos não vivos** não nascem, não se alimentam, não crescem, não se reproduzem e não morrem.

A água, a pedra e o livro são elementos não vivos.

As montanhas, os rios, o ar e o solo são elementos não vivos que fazem parte da natureza. As máquinas, os brinquedos, as roupas e os móveis também são elementos não vivos, só que eles são fabricados pelos seres humanos.

CIÊNCIAS

ATIVIDADES...

1. Trace o caminho que segue a ordem das fases de vida de um ser vivo.

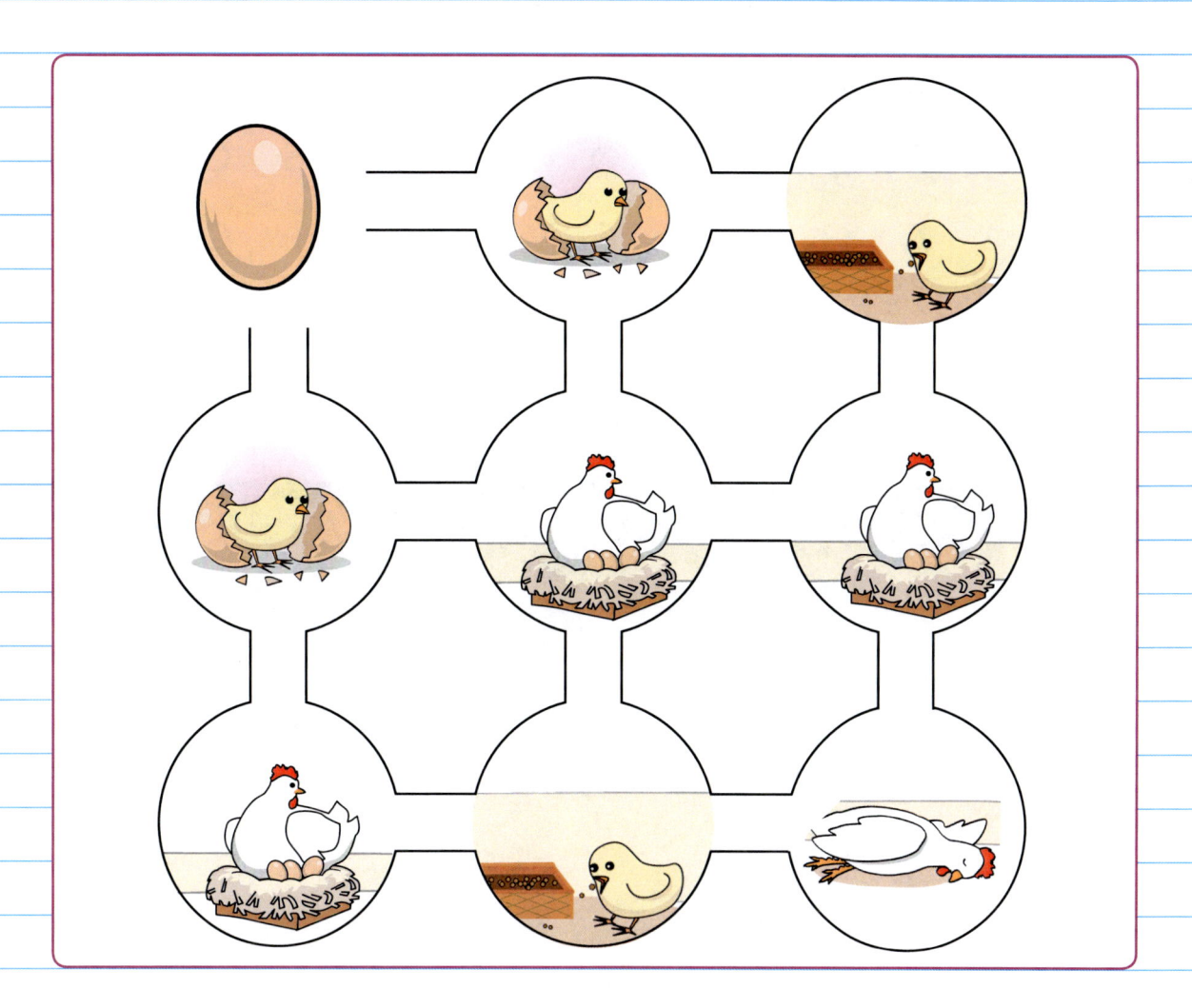

2. Desenhe um elemento não vivo que você vê na sua sala de aula.

CIÊNCIAS

3. Encontre no diagrama o nome de cinco seres vivos.

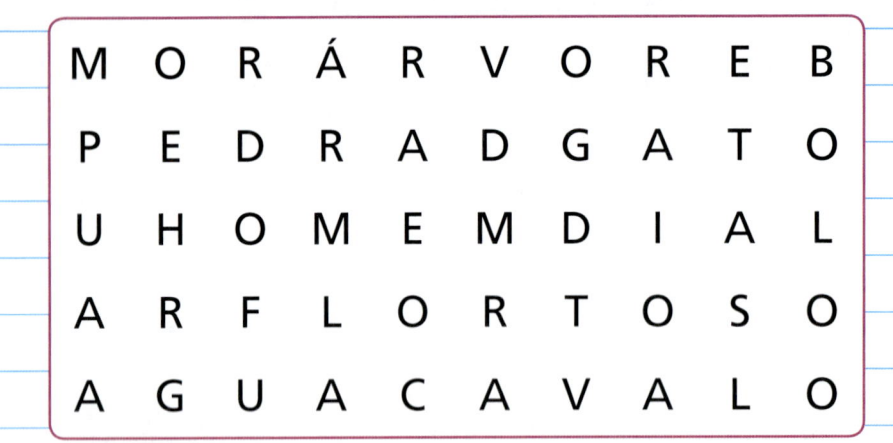

M	O	R	Á	R	V	O	R	E	B
P	E	D	R	A	D	G	A	T	O
U	H	O	M	E	M	D	I	A	L
A	R	F	L	O	R	T	O	S	O
A	G	U	A	C	A	V	A	L	O

4. Observe a foto do ambiente. Escreva o nome dos seres vivos e dos elementos não vivos que você pode ver nele.

- Seres vivos:

- Elementos não vivos:

130

REFORÇO 2

O ar, a água e o solo

O ar, a água e o solo fazem parte do nosso ambiente. Sem eles não podemos viver.

O ar

Os seres humanos respiram o **ar** e por isso precisam dele para sobreviver. Os outros animais e as plantas também não viveriam sem o ar.

Ele está em todos os lugares: nos túneis e nos espaços vazios do solo; está à nossa volta, misturado na água e até mesmo dentro do corpo dos seres vivos.

Podemos notar a presença do ar quando há vento. O vento é o ar em movimento.

Nas grandes cidades, muitas vezes, o ar é poluído por causa da fumaça dos veículos e das fábricas.

ATIVIDADES

1. Assinale com um **x** os elementos que precisam de ar para viver.

CIÊNCIAS

2. Pinte as ilustrações que representam paisagens com vento.

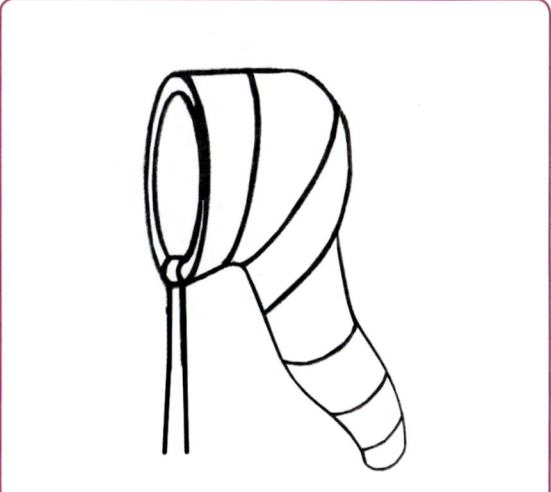

3. Qual é o melhor ar para respirarmos? Marque o ☐ da resposta correta.

☐ Ar puro do campo.

☐ Ar da cidade grande, com muito trânsito.

☐ Ar com fumaça de cigarro.

A água

Todos os seres vivos necessitam de **água**. Os seres humanos usam a água para muitas finalidades. Veja alguns exemplos a seguir.

- Para beber.
- Para lavar os alimentos e cozinhar.
- Para fazer a higiene dos animais.
- Para limpar os ambientes.
- Para regar as plantas.
- Para fazer a higiene do corpo (escovar os dentes, tomar banho etc.).

CIÊNCIAS

A água é encontrada nos mares, nos rios, nos lagos, nas nuvens e também retirada do solo, através de poços e açudes.

Para nos mantermos saudáveis, devemos beber apenas água potável e filtrada, que vem das estações de tratamento.

ATIVIDADES...

1. Observe as figuras e escreva para que a água está sendo utilizada em cada caso.

_____   _____

_____   _____

2. Você conhece algum outro uso que se faz da água? Qual?

3. Pinte os quadros que indicam o lugar onde a água é encontrada.

| rios | mares | pedras |

| nuvens | brinquedos | poços |

4. Leve Paulinho até o local onde ele poderá beber água potável.

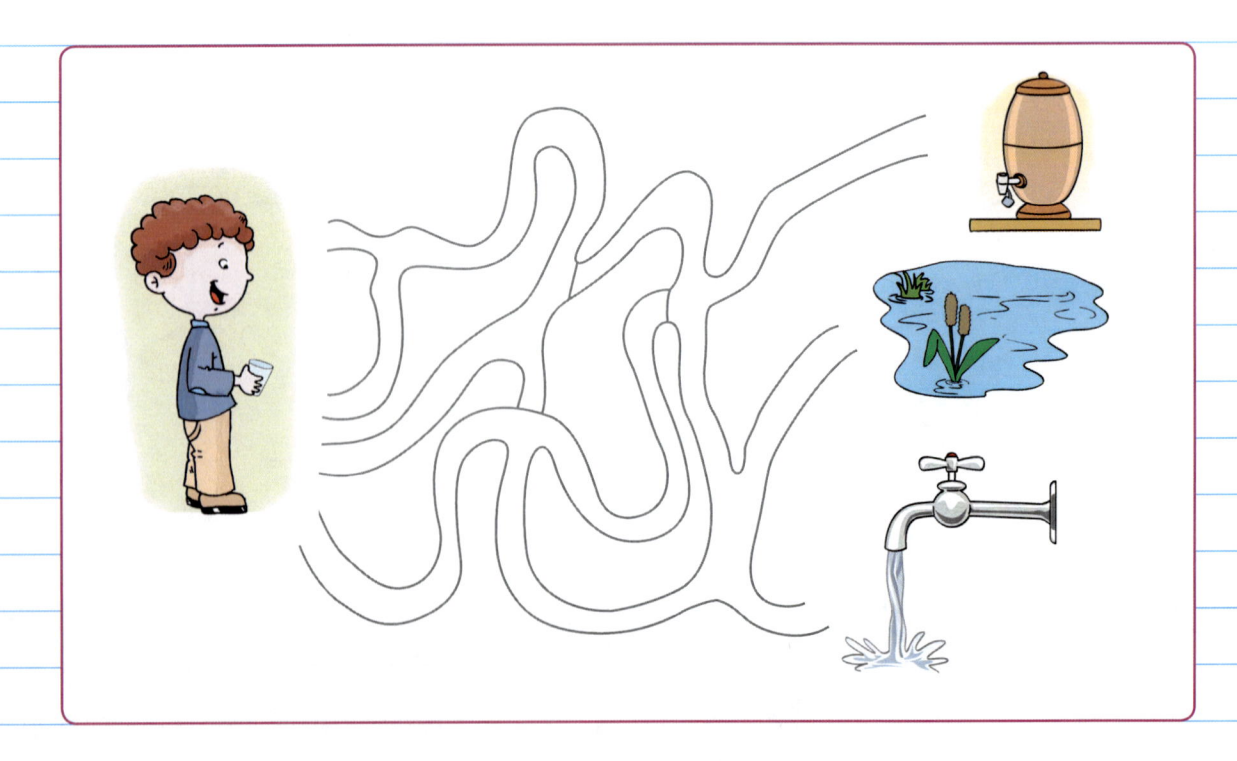

O solo

O **solo** é uma mistura de terra, rochas, restos de plantas e animais em decomposição. No solo construímos casas, estradas, plantamos, criamos animais etc.

Há animais que vivem no interior do solo, como a minhoca, o tatu, a toupeira, a formiga. Outros animais vivem sobre o solo, como as cobras, os cães, os cavalos e os seres humanos.

A maioria das plantas desenvolve-se no solo.

CIÊNCIAS

ATIVIDADES...

1. O que fazem os seres vivos? Ligue as ações às figuras.

Constrói casas, prédios, faz plantações sobre o solo.

Constrói sua toca no interior do solo.

Fixa suas raízes no solo.

2. Circule os animais que não vivem no solo.

138

REFORÇO 3

Os animais

Os animais têm formas e tamanhos diferentes. Observe os animais a seguir.

sapo

passarinho

baleia

cachorro

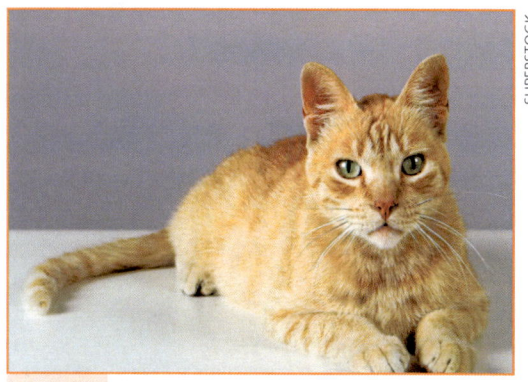

gato

cavalo

leão

galinhas

joaninhas

minhoca

peixes

tartarugas

jacaré

Todos os animais nascem, se alimentam, crescem, se reproduzem e morrem.

140

ATIVIDADES...

1. Observe as fotos dos animais das páginas 139 e 140 e responda às questões a seguir.

   a) Que animais têm quatro patas?

   b) Quais animais têm duas patas?

   c) Quais animais têm seis patas?

   d) Que animais vivem dentro do solo?

   e) Quais animais vivem na água?

   f) Que animais têm o corpo coberto de penas?

   g) Que animais têm o corpo coberto de pelos?

   h) Como é coberto o corpo do jacaré e da tartaruga?

2. Desenhe seus animais prediletos e escreva o nome deles.

CIÊNCIAS

Revestimento dos animais

Existem animais que têm o corpo coberto por **pelos**.

coala — urso — macaco

Outros animais têm o corpo coberto por **penas**.

pavão — galo — pato

E há outros que têm a pele coberta por **placas duras** ou **escamas**.

jabuti — camaleão — serpente

143

Outros animais têm a pele **nua**.

rã sapo salamandra

A maioria dos peixes tem a pele coberta por **escamas**.

Há animais que têm uma carapaça revestindo o corpo.

caranguejo

144

CIÊNCIAS

ATIVIDADES...

1. Ligue os pontos e veja os animais que foram formados. Desenhe o revestimento da pele deles.

2. Pinte os animais de acordo com a legenda sobre o revestimento do corpo.

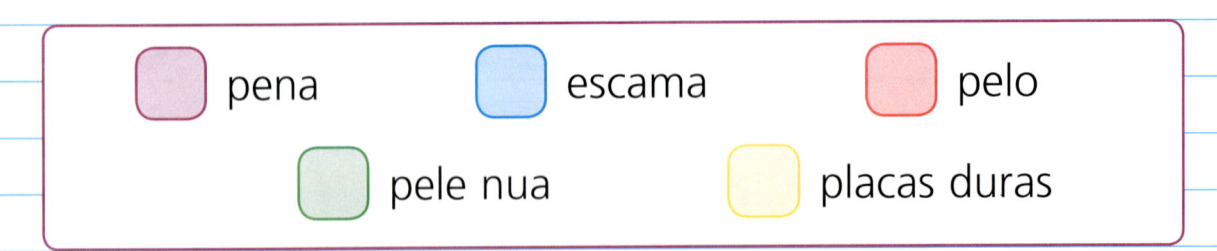

☐ pena   ☐ escama   ☐ pelo

☐ pele nua   ☐ placas duras

3. Associe cada animal a uma das suas características.

(a) Urso-polar   ( ) É coberta por placas duras.
(b) Cobra   ( ) Nada.
(c) Golfinho   ( ) Não possui coluna vertebral.
(d) Mosca   ( ) Vive em uma região com neve.
(e) Morcego   ( ) Rasteja.
(f) Tartaruga   ( ) Voa.

Alimentação dos animais

Todos os animais, inclusive os seres humanos, precisam de alimentos e água para viver.

O coelho, o cavalo e o porquinho-da-índia se alimentam de vegetais. Eles são chamados **herbívoros**.

O lobo, o leão e a águia se alimentam de carne. Eles são chamados **carnívoros**.

Os seres humanos, o porco e o urso comem carne, plantas e outros alimentos. São chamados **onívoros**.

Muitos animais criados pelo homem se alimentam de ração industrial, que é uma mistura de alimentos.

ATIVIDADES

1. Você tem ou gostaria de ter um animal que se alimenta de ração? Escreva qual seria o animal e o nome que você daria a ele.

CIÊNCIAS

2. Ligue o animal a seu alimento.

- Alimenta-se de grãos, folhas e bichinhos.

- Alimenta-se de carne.

- Alimenta-se de vegetais.

3. Leia a quadrinha e desenhe o alimento desse animal.

Sapo - cururu
Na beira do rio.
Quando sapo grita
Oh! Maninha
É porque tem frio.

Domínio público.

149

4. Faça o caminho dos animais até o alimento de cada um.

Reprodução dos animais

Os animais podem ser macho ou fêmea.

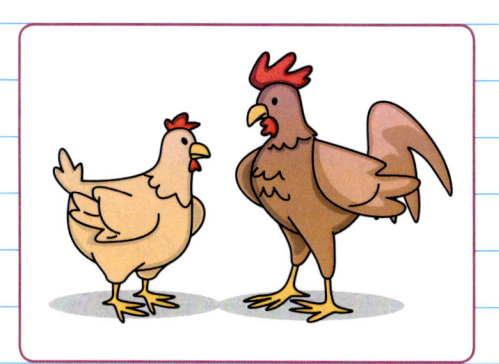

Da união do macho com a fêmea nascem os filhos.

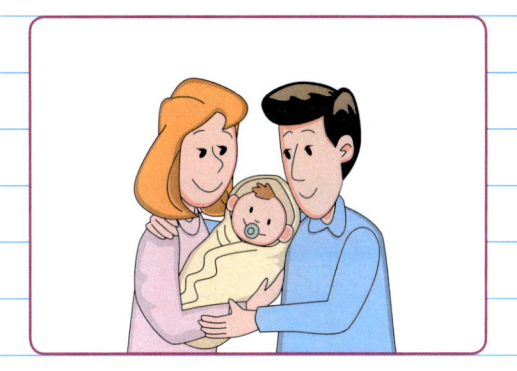

Muitos animais se desenvolvem dentro da barriga da mãe. Depois que nascem, eles mamam por algum tempo antes de passar a comer outros alimentos.

Há animais que nascem de ovos. A mãe põe os ovos e os choca. Depois de um tempo, os filhotes quebram a casca e nascem.

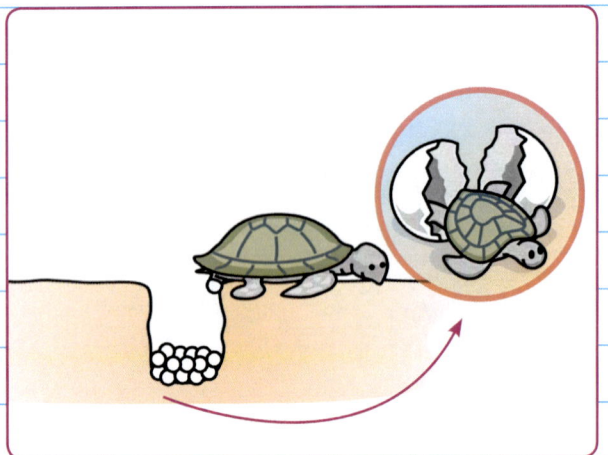

ATIVIDADES

1. Desenhe um casal de animais e seus filhotes. Escreva se eles nascem de ovos ou de dentro do corpo da mãe.

CIÊNCIAS

2. Ligue cada casal de animais aos seus filhotes.

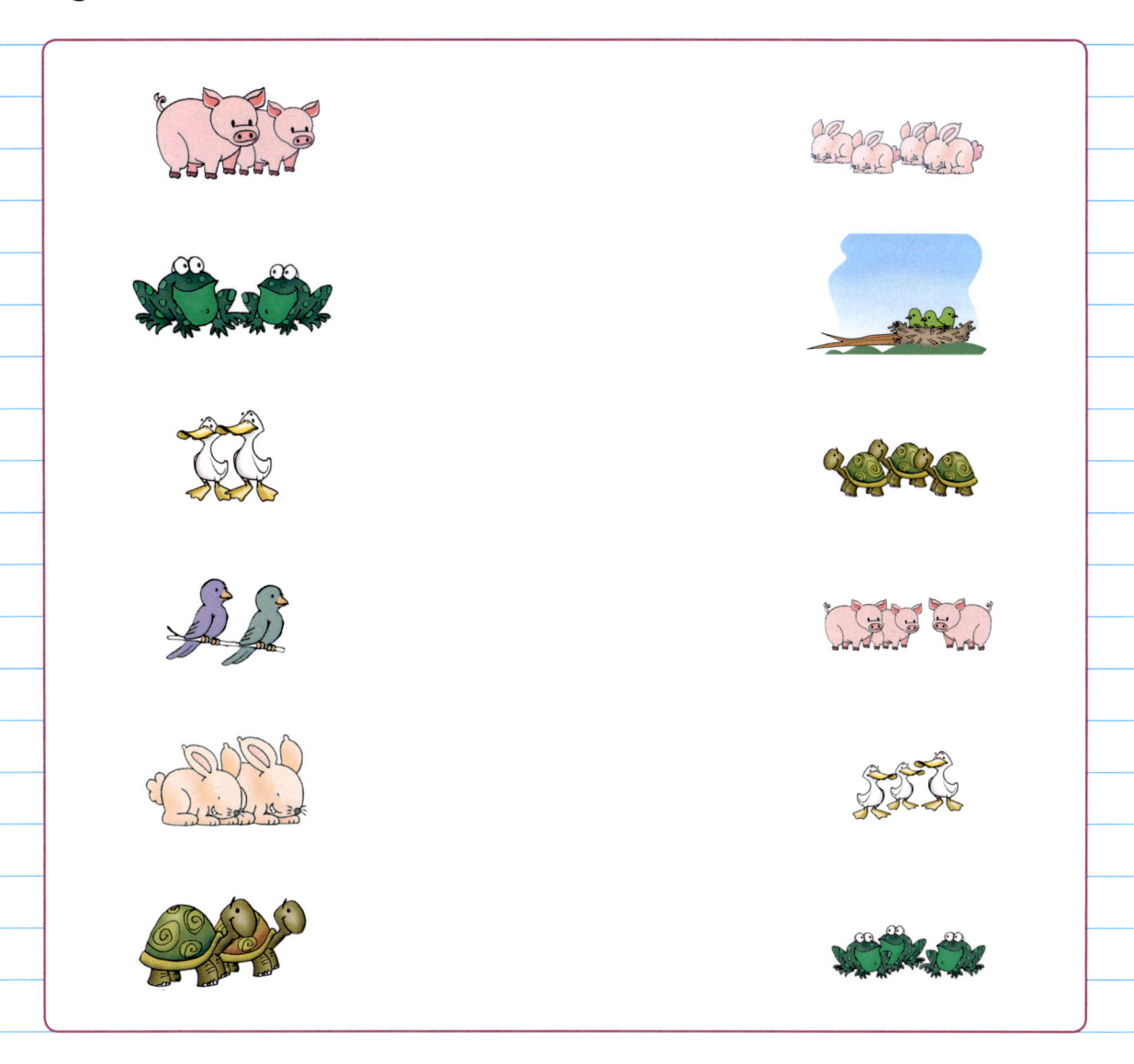

3. Numere os quadros de acordo com a sequência correta.

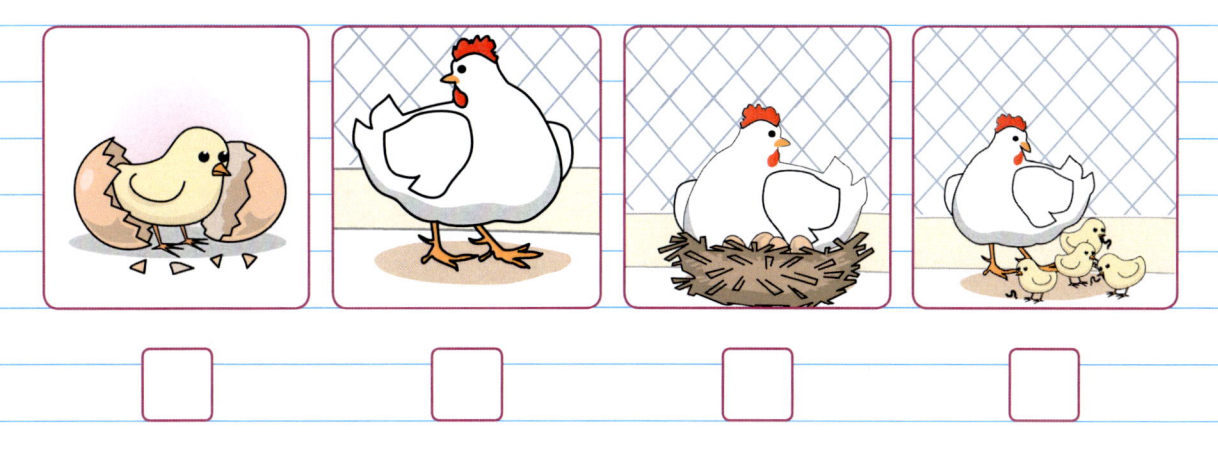

153

REFORÇO 4

Os animais e os seres humanos

Animais domesticados e animais silvestres

Os animais **domesticados** são aqueles criados pelas pessoas. Esses animais vivem junto com elas em suas casas.
Observe os animais abaixo.

cachorro	gato	galinha e pintinhos
pato	vaca	porco

Cães, gatos, hamsters, quando criados em casa, junto com uma família, são considerados **animais de estimação**.

CIÊNCIAS

Saiba que

Os animais de estimação devem ser bem cuidados, alimentados e criados em ambientes limpos. É preciso levá-los ao veterinário para que sejam vacinados e tratados. Não os deixe soltos na rua.

Os **animais silvestres** vivem livres na natureza. Agora, observe os animais a seguir.

jacaré	leão	onça

cobra	hipopótamo	zebra

Os animais silvestres devem ser preservados em seu ambiente. Não se deve caçá-los nem maltratá-los.

Saiba que

Muitos animais silvestres estão ameaçados de extinção, isto é, existem só alguns deles no mundo. Devemos proteger esses animais.

jaguatirica

urso panda

ATIVIDADES...

1. Procure no diagrama abaixo os nomes de sete animais silvestres.

U	Q	M	R	E	F	Y	G	F	V	B	G	D
R	A	V	B	L	E	Ã	O	J	X	K	T	W
S	Z	P	R	I	L	U	P	Z	Q	I	I	E
O	B	G	I	R	A	F	A	B	T	Y	G	Y
R	E	O	F	G	Z	S	W	X	M	P	R	U
T	M	J	W	C	O	B	R	A	C	I	E	L
Y	X	H	A	U	S	E	Z	X	S	J	P	I
M	A	C	A	C	O	O	A	O	N	Ç	A	P

2. Preencha o quadro com informações de seu animal de estimação ou do animal que você gostaria de ter.

> Que animal é esse? _____
> Qual é o nome dele? _____
> De que ele se alimenta? _____
> _____
> Você dá carinho e atenção a seu bichinho? _____
> _____
> Você o leva ao veterinário periodicamente? _____
> _____

3. Pinte de **vermelho** os quadros com o nome de animais domesticados e de **azul** os quadros com o nome de animais silvestres.

| GATO | BALEIA | GIRAFA |

| CACHORRO | URSO | CAVALO |

| TAMANDUÁ | PORCO | VACA |

4. Você conhece algum animal que é personagem de histórias em quadrinhos ou de desenhos animados? Escreva o nome deles.

157

Animais utilizados pelo ser humano

Muitos animais são utilizados pelo ser humano no seu cotidiano.

Vários animais nos fornecem alimentos.

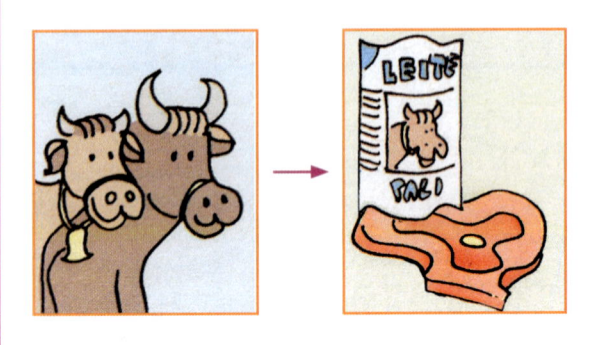

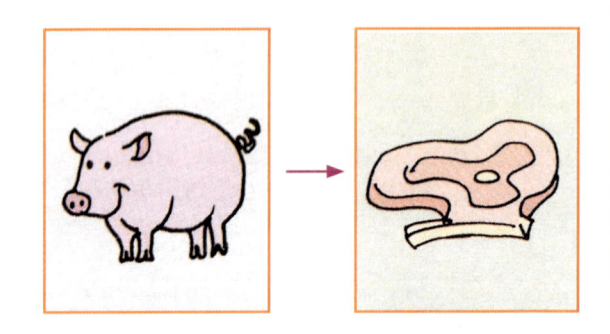

mel

Alguns animais são usados no transporte e no trabalho da lavoura.

CIÊNCIAS

De alguns animais utilizamos couro e lã.

ATIVIDADES...

1. Ligue os pontos para formar a figura de um animal que fornece alimento ao homem. Depois pinte o desenho.

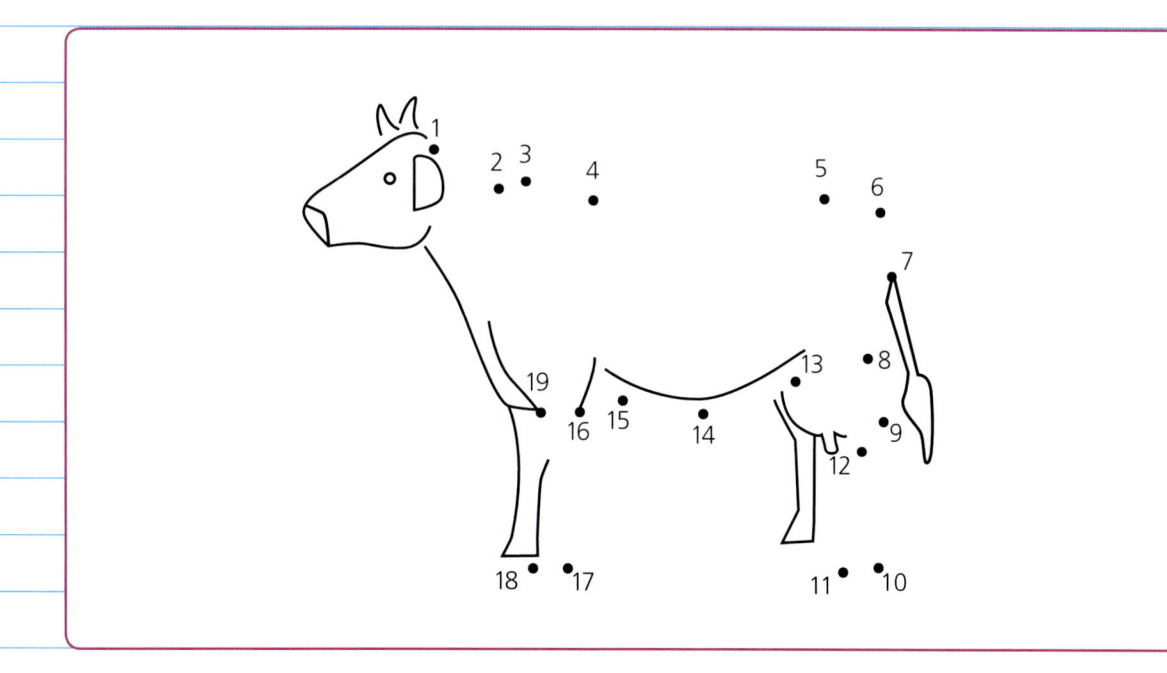

159

2. As abelhas produzem:

☐ mel   ☐ melado   ☐ açúcar

3. Observe as figuras e complete a cruzadinha.

4. Da vaca, utilizamos o leite. Quais alimentos podemos produzir com ele?

☐ Farinha, macarrão e biscoito.

☐ Açúcar, rapadura e álcool.

☐ Manteiga, queijo e iogurte.

Animais que podem ser nocivos ao ser humano

Animais nocivos são aqueles que podem prejudicar os seres humanos.

Algumas aranhas e serpentes são peçonhentas, isto é, inoculam veneno. Todos os escorpiões são venenosos.

A cascavel inocula veneno quando morde.

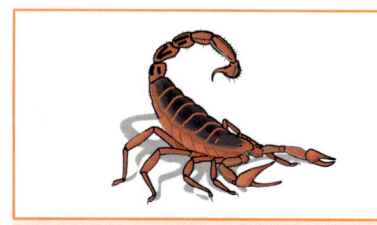

O escorpião inocula o veneno com o ferrão da cauda.

Outros animais são prejudiciais ao ser humano porque transmitem doenças. Para evitá-los, precisamos manter limpo o ambiente em que vivemos.

mosca

barata

rato

O gafanhoto e a saúva são nocivos porque comem a folhagem das plantações para se alimentar. Muitas vezes, destroem plantações inteiras.

gafanhoto

saúva

ATIVIDADES...

1. Ligue os pontos para formar a figura de um animal.

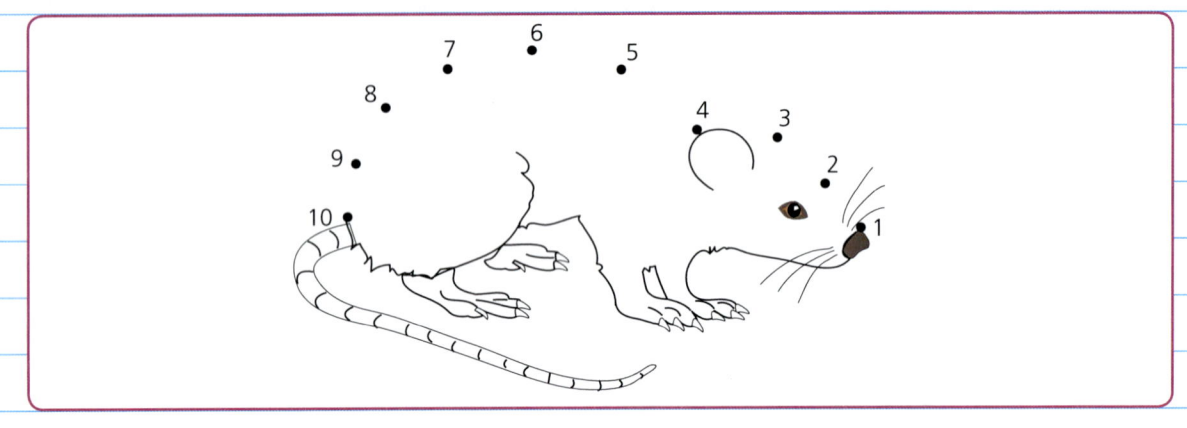

Que animal é esse? _____

Por que ele é nocivo para os seres humanos? _____

2. Procure no diagrama as palavras do quadro.

| aranha | cobra | mosca |
| barata | gafanhoto | rato |

P	A	R	A	N	H	A	F	M	A	B
O	S	G	K	M	I	Q	H	B	Z	L
N	B	H	D	O	R	T	R	A	T	O
Q	E	I	J	S	N	E	O	R	X	E
M	F	S	U	C	O	L	V	A	W	N
L	G	A	F	A	N	H	O	T	O	L
R	C	O	B	R	A	M	Z	A	D	E

3. Ligue as duas colunas.

A barata • • transmite doenças.

O escorpião • • destrói as plantações.

O gafanhoto • • é peçonhento.

4. Leia os provérbios do quadro.

> Uma andorinha só não faz verão.
> Galinha ciscadeira acaba achando cobra.
> Quem não tem cão caça com gato.
> Quem nasce minhoca não vira cobra.

Retire dos provérbios o nome de:

duas aves – _____

um animal nocivo – _____

dois animais domesticados – _____

quatro animais úteis – _____

um animal que fornece carne e ovos – _____

dois animais que nascem da barriga da mãe – _____

REFORÇO 5 — As plantas

As plantas são seres vivos: elas nascem, crescem, se reproduzem e morrem.

Podemos chamar as plantas de vegetais.

Os vegetais são muito importantes para nós. Eles fornecem alimento, madeira, fibras, frutas e sementes.

CIÊNCIAS

Saiba que

Existem plantas venenosas para os seres humanos, como o comigo-ninguém-pode e a urtiga, que podem causar ferimentos e coceiras.

comigo-ninguém-pode

urtiga

ATIVIDADES...

1. Você tem alguma planta na sua casa? Qual?

2. Desenhe um prato com os vegetais de que você mais gosta.

165

3. Faça uma lista das plantas que você conhece.

4. Ligue os pontos para formar a figura de uma fruta. Depois pinte o desenho.

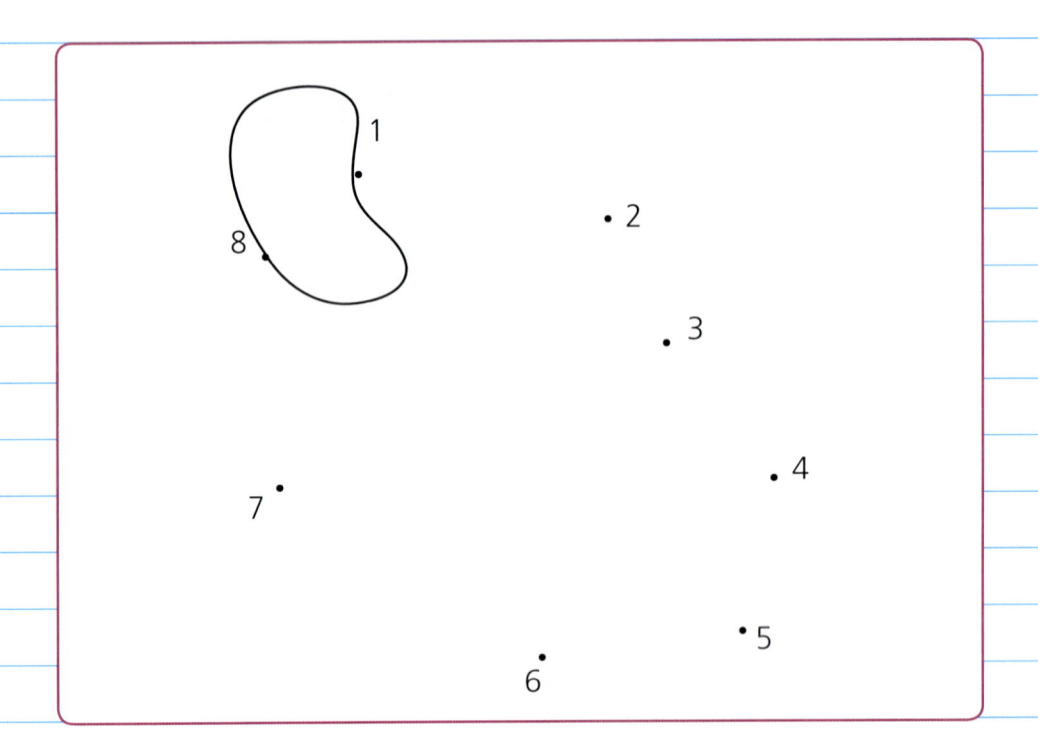

5. Escreva o nome do fruto que cada uma destas árvores produz.

- mangueira –
- pereira –
- macieira –
- figueira –
- bananeira –
- ameixeira –
- oliveira –

As plantas nos ambientes

Há plantas que vivem na terra.
São as plantas **terrestes**.

bananeiras

girassóis

Há outras plantas que vivem na água. Elas são chamadas **aquáticas**.

vitórias-régias

taboas

Há ainda as plantas que crescem apoiadas em árvores.

orquídeas

bromélias

ATIVIDADES

1. Desenhe uma planta terrestre.

2. Complete as frases.

As plantas terrestres vivem na _____.

As plantas _____ vivem na água.

Algumas plantas vivem apoiadas em _____.

3. Classifique as plantas de acordo com a legenda.

☐ terrestre ☐ aquática ☐ cresce apoiada em árvores

aguapés

orquídeas

couve

168

As plantas e suas necessidades

As plantas precisam de terra, luz, calor, água, ar e sais minerais para crescer e se desenvolver.

Observe o quadro abaixo e leia a legenda.

Essa planta recebeu água e luz.

Essa outra ficou em um lugar sem luz e não recebeu água.

ATIVIDADES...

1. Imagine que você seja uma planta.

   Como você seria?

   Que cuidados você precisaria receber?

2. Flávia ganhou um vaso com violetas. Escreva como se deve cuidar delas.

CIÊNCIAS

3. Faça o caminho da menina até as flores.

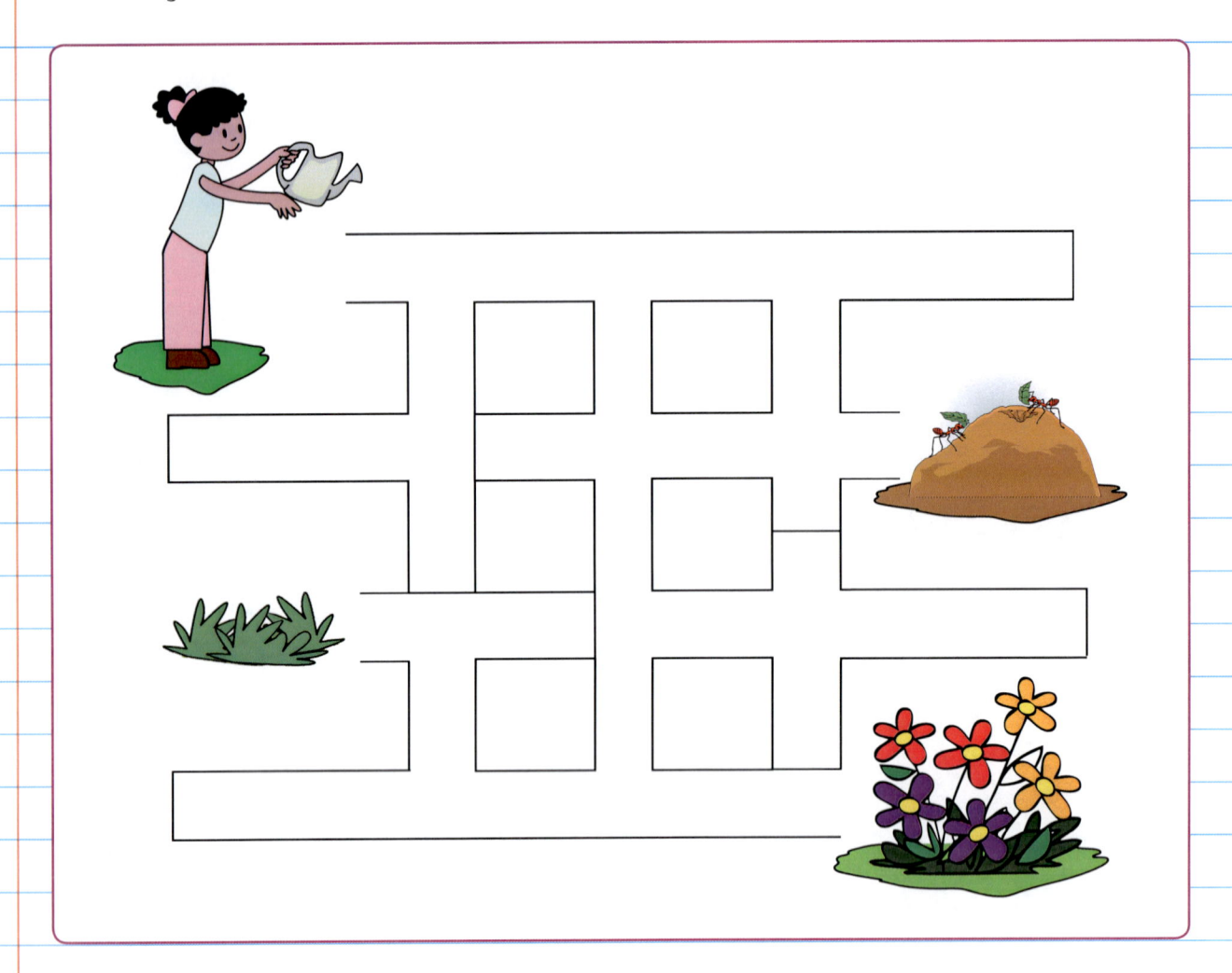

4. Qual planta foi mais bem cuidada? Explique por quê.

FÁBIO COLOMBINI

MARCELO MOURA

REFORÇO 6

Os seres humanos

As pessoas – os homens, as mulheres e as crianças – são chamadas **seres humanos**.

Os seres humanos têm características diferentes uns dos outros. Por exemplo, têm altura, cor da pele e cabelos diferentes.

Mas os seres humanos também têm muitas semelhanças: seu corpo é formado por cabeça, tronco e membros e é recoberto por pele. O funcionamento do corpo humano é semelhante para todos.

As partes do corpo

Nosso corpo pode ser dividido em três partes: cabeça, tronco e membros.

cabeça

membros superiores

tórax

tronco

abdômen

membros inferiores

menina

menino

Muitos órgãos de nosso corpo ficam na região do tronco. No **abdômem** ficam os intestinos, o fígado, a bexiga, entre outros órgãos. No **tórax** estão os pulmões e o coração.

CIÊNCIAS

ATIVIDADES...

1. Faça um desenho de seu corpo e indique todas as partes do corpo que você já conhece.

2. Pinte o corpo da criança seguindo a legenda.

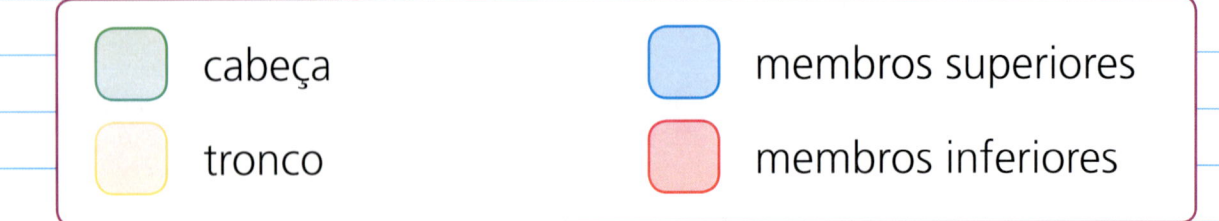

☐ cabeça   ☐ membros superiores
☐ tronco   ☐ membros inferiores

3. Coloque nos quadrinhos **A** para os órgãos que ficam no abdômem e **T** para os órgãos que ficam no tórax.

☐ coração ☐ bexiga

☐ fígado ☐ pulmões

4. Assinale com um **x** as frases verdadeiras.

☐ O corpo humano pode ser dividido em duas partes: tronco e membros.

☐ Todos os seres humanos são iguais.

☐ O corpo humano é formado por cabeça, tronco e membros.

☐ Somente mulheres e crianças são chamadas seres humanos.

☐ O corpo humano é recoberto por pele.

☐ O coração fica no tórax.

5. Complete as frases.

a) Os braços são os _____.

b) As pernas são os _____.

Os ossos

O esqueleto é formado pelo conjunto de ossos do corpo. Eles ajudam a sustentar o corpo e protegem os nossos órgãos.

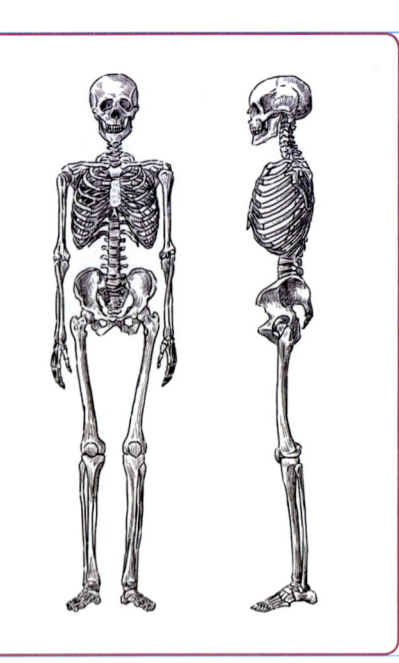

Os músculos

Os músculos recobrem o esqueleto e ficam sob a nossa pele. São eles os responsáveis pelos movimentos do nosso corpo.

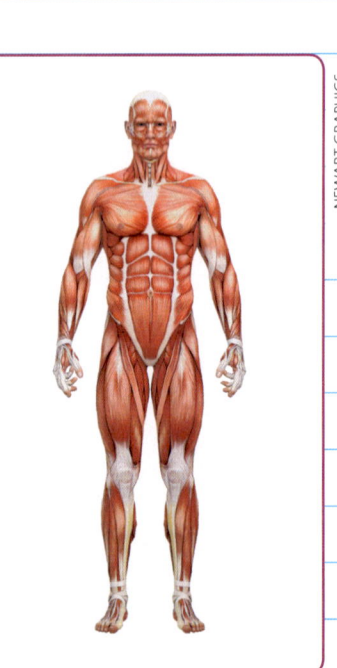

Tente mexer seu braço: estique-o e dobre-o. Sinta seus ossos e seus músculos em ação!

CIÊNCIAS

ATIVIDADES...

1. Coloque **V** para verdadeiro e **F** para falso.

☐ Nossos ossos são duros.

☐ A cabeça fica abaixo do tronco.

☐ O pescoço liga a cabeça ao tronco.

☐ Só os dedos das mãos têm unhas.

☐ Usamos as pernas e os pés para andar.

☐ Temos duas mãos e dois pés.

2. Complete a quadrinha com as palavras do quadro.

| dedos | dias |
| contar | mão |

Minha _____ tem cinco _____
Com os quais eu aprendo a _____.
Conto os _____ todos os _____.
Sempre estão no seu lugar.

Domínio público.

3. Pinte a resposta correta.

a) Que parte do corpo usamos para escovar os dentes?

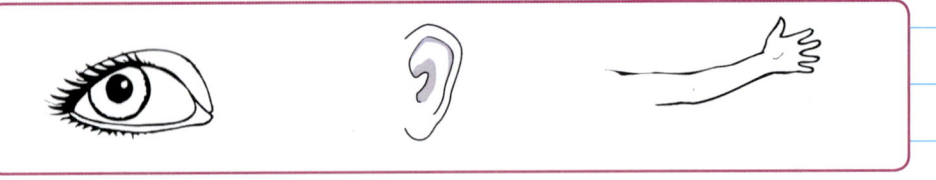

b) Que parte do corpo usamos para andar?

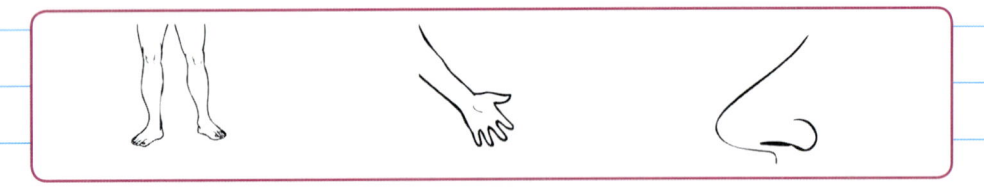

c) Que parte do corpo mais usamos para escrever?

4. Para que usamos nossos membros superiores e inferiores? Cite algumas das atividades que dependem de nossos braços e pernas.

CIÊNCIAS

Os nossos sentidos

Os órgãos dos sentidos são: a língua, a orelha, o nariz, os olhos e a pele.

Com esses órgãos percebemos tudo o que nos cerca.
Sentimos o gosto dos alimentos, ouvimos os sons, percebemos a temperatura e a textura dos objetos, olhamos o que está ao nosso redor e podemos sentir os cheiros.

O sentido da visão nos permite enxergar as coisas que nos cercam. Os órgãos da visão são os olhos.

O sentido do **tato** nos permite sentir a temperatura e a textura das coisas que tocamos.

O órgão do tato é a **pele**.

O **paladar** nos permite sentir o sabor dos alimentos: doce, salgado, amargo, azedo...

Um dos órgãos do paladar é a **língua**.

O sentido do **olfato** nos permite sentir cheiros.

O órgão do olfato é o **nariz**.

A **audição** nos permite ouvir os sons.

Os órgãos da audição são as **orelhas**.

CIÊNCIAS

ATIVIDADES...

1. Desenhe na menina os órgãos responsáveis pelo olfato, pela audição e pela visão.

2. Descubra no quadro os nomes dos sentidos.

O	L	F	A	T	O	X	B	T	K	V	A
O	B	C	V	R	E	M	L	A	M	I	R
A	U	D	I	Ç	Ã	O	N	T	E	S	P
O	D	S	E	R	H	U	M	O	N	Ã	S
P	A	L	A	D	A	R	I	M	P	O	S

Copie o nome dos sentidos que você encontrou.

3. Ligue os órgãos aos respectivos sentidos.

- paladar
- olfato
- visão
- audição
- tato

4. Responda.
   a) Escreva o nome de um alimento doce.

   b) Que sentido você usa para sentir o sabor desse alimento?

   c) Cite alguma coisa que seja fria.

   d) Que sentido você usa para sentir a temperatura dos objetos?

REFORÇO 7 — Higiene e saúde

Para ter saúde é preciso ter bons hábitos, isto é, precisamos levar uma vida saudável. Por exemplo:

- alimentar-se bem: comer frutas, legumes e verduras;

- escovar os dentes pela manhã e depois das refeições;

- lavar as mãos antes das refeições e sempre que necessário;

- tomar banho diariamente;

- manter o ambiente limpo;

- dormir pelo menos oito horas por noite;

- usar roupas limpas e confortáveis.

Assim, temos sempre energia para brincar, estudar e levar uma vida saudável.

ATIVIDADES

1. Responda: **certo** ou **errado** marcando um **x** no quadrinho.

	CERTO	ERRADO
Quem toma banho todos os dias está	☐	☐
Quem come guloseimas o tempo todo está	☐	☐
Quem lava as mãos várias vezes por dia está	☐	☐
Quem não come frutas nem verduras está	☐	☐
Quem dorme tarde porque fica vendo TV está	☐	☐
Quem come demais até ficar enjoado está	☐	☐

2. Assinale os tipos de alimentos que você costuma ingerir sempre.

184

CIÊNCIAS

3. Escreva quais hábitos saudáveis estas crianças estão praticando.

185

4. Escreva o nome dos objetos que nos ajudam a manter nossa higiene e nossa saúde.

P [ ] [ ] T [ ] D [ ]
D [ ] [ ] [ ] [ ] S

[ ] [ ] B [ ] [ ] E [ ] [ ]

E [ ] [ ] [ ] V [ ]
[ ] E [ ] [ ] [ ] N [ ] [ ] S

5. Assinale com um **x** os hábitos saudáveis que você pratica.

[ ] Alimentar-se bem e evitar guloseimas.

[ ] Tomar banho diariamente.

[ ] Lavar as mãos antes das refeições.

[ ] Escovar os dentes depois de comer.

6. Você já sabe o que deve fazer para manter seu corpo e o ambiente limpos. Faça um desenho de atitudes que contribuem para:

- Manter a higiene do corpo.

- Manter o ambiente limpo.

CIÊNCIAS

7. Siga as instruções e leve as crianças a um dos hábitos saudáveis.

- Ande três quadrinhos para a esquerda.

- Ande dois quadrinhos para baixo.

- Aonde elas chegaram? Que atitude saudável elas vão ter?

REFORÇO 8

Os astros

O **Sol**, a **Terra** e a **Lua** são astros.

Foto do planeta Terra visto do espaço.

O Sol é uma **estrela** muito grande que tem luz própria. O Sol ilumina planetas e satélites. Assim, ele ilumina a Terra e fornece calor a ela.

A Terra é menor que o Sol e não tem luz própria. A Terra é um **planeta** que gira em volta do Sol.

A Lua é ainda menor e gira em volta da Terra. Este astro parece ter luz própria, mas na verdade não tem, apenas reflete a luz do Sol. A Lua é um **satélite**.

Atenção

Você sabia que os indígenas brasileiros chamam o Sol de Guaraci e a Lua de Jaci?

A Terra gira em torno do Sol.

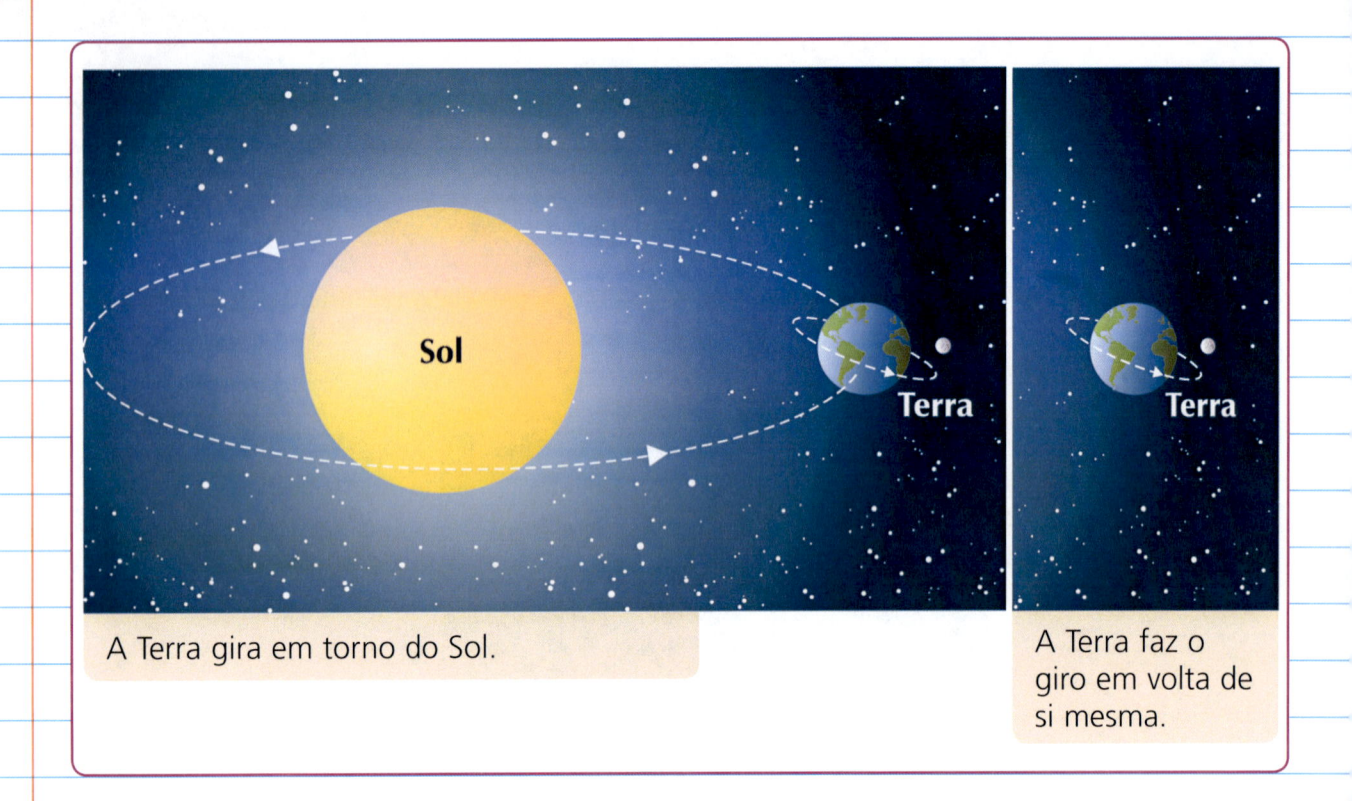

A Terra faz o giro em volta de si mesma.

Além da Terra, há outros planetas que giram ao redor do Sol.

Ao girar em torno do Sol, a Terra recebe a luz solar. A Terra também gira em torno de si mesma. Por causa desse movimento temos o dia e a noite. Será **dia** na face da Terra que receber luz solar e será **noite** na face da Terra que não receber luz solar.

Na face da Terra que está virada para o Sol, é dia.

À noite, não conseguimos ver a luz solar.

A luz do Sol em quantidade moderada faz bem à saúde. No entanto, não devemos olhar diretamente para ela para não prejudicar os olhos. Também não devemos permanecer sob o Sol sem protetor solar.

Devemos proteger nossos olhos da luz solar.

Não devemos ficar sob o Sol sem proteção.

ATIVIDADES...

1. Observe as cenas e assinale as alternativas corretas com um **x**.

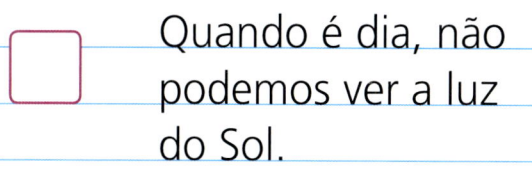

☐ Quando é dia, não podemos ver a luz do Sol.

☐ É dia na face da Terra que está voltada para o Sol.

☐ É noite na face da Terra que não está voltada para o Sol.

☐ À noite, a Lua ilumina a Terra.

2. Siga as instruções.

- Pinte de amarelo o maior astro, que também é uma estrela.
- Pinte de azul o planeta.
- Circule o menor astro.

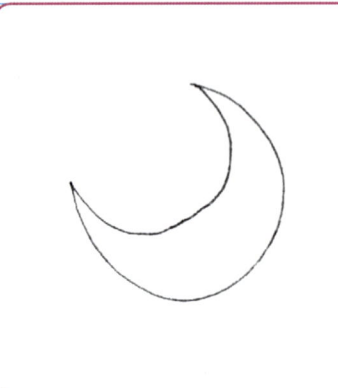

3. Responda.

a) Qual astro ilumina a Terra? _____

b) Qual astro gira em torno da Terra? _____

As estações do ano

Durante o ano o clima varia bastante: há dias bem quentes, outros de temperatura média, outros bem frios. Às vezes chove, e muitas vezes há seca.

O clima varia de acordo com períodos chamados **estações do ano**. As estações do ano são quatro: **primavera**, **verão**, **outono** e **inverno**.

Primavera é a estação que antecede o verão. Na primavera não faz nem muito frio nem muito calor. A primavera começa aproximadamente em 23 de setembro.

Verão é a estação do calor.
No verão os dias são quentes e chove bastante. Nessa época devemos usar roupas leves. O verão começa aproximadamente em 21 de dezembro.

Outono é a estação anterior ao inverno. No outono os dias vão se tornando frios e venta muito. O outono começa aproximadamente em 21 de março.

Inverno é a estação do frio.
No inverno devemos andar agasalhados. O inverno começa aproximadamente em 21 de junho.

ATIVIDADES

1. Siga as pistas e descubra qual é a estação do ano.

É a estação que vem depois da primavera. Nessa época faz muito calor. _____

Nessa época o tempo começa a esfriar. Essa estação também é conhecida como estação das frutas. _____

Vem logo depois do inverno. É a época em que muitas flores desabrocham. _____

É a época mais fria do ano. Devemos usar roupas e acessórios que nos protejam do frio. _____

2. Pinte de **amarelo** as peças de roupa mais adequadas ao verão e de **verde** as roupas adequadas ao inverno.

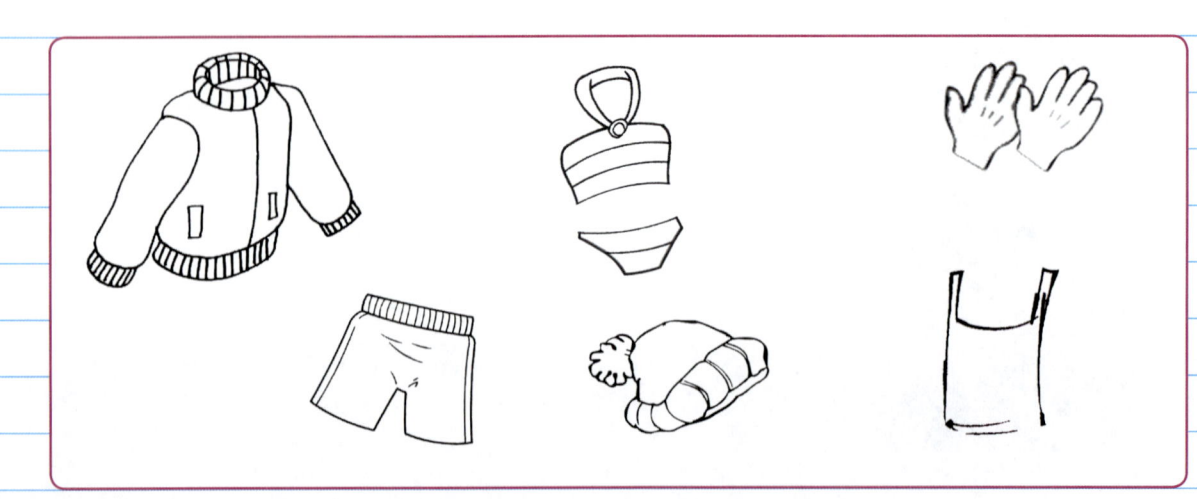

REFORÇO 9

Medindo o tempo

As horas e os dias

O **dia** é dividido em 24 horas. Cada **hora** tem 60 minutos.

Contando as horas e os minutos, podemos medir o tempo e organizar as atividades de nosso dia a dia.

Para medir o tempo e marcar as horas, usamos os relógios. Há diferentes tipos de relógios, observe:

relógio de sol

relógio com ponteiros

relógio digital

ampulheta

O relógio de sol e a ampulheta foram muito utilizados no passado, mas hoje usamos os relógios digitais e os relógios com ponteiros para marcar as horas.

Os relógios podem ter dois ou três ponteiros.

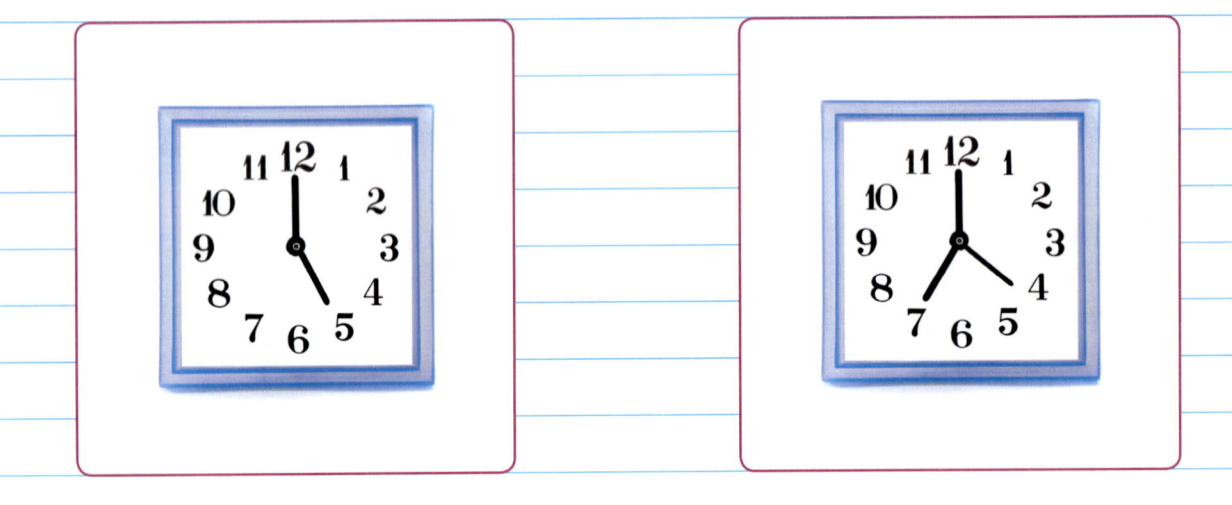

O ponteiro menor marca as horas; o maior, os minutos, e o mais fininho, os segundos.

Quando o ponteiro está no 12, o relógio indica a hora exata.

Quando o ponteiro grande está no 6, o relógio indica meia hora.

São 5 horas.

São 9 horas e meia.

Usando os relógios podemos marcar as horas do dia. Assim medimos o tempo.

ATIVIDADES...

1. Escreva a que horas você realiza as atividades a seguir. Marque o horário no relógio.

- acordar

- almoçar

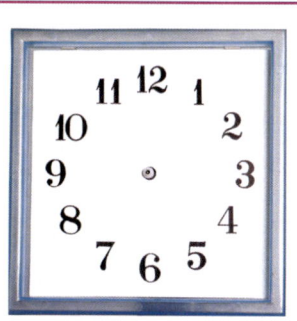

- ir à escola

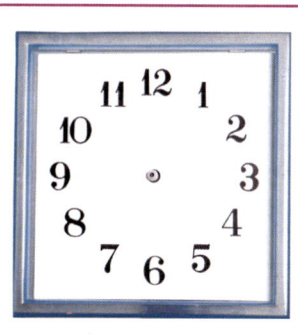

- fazer a lição de casa

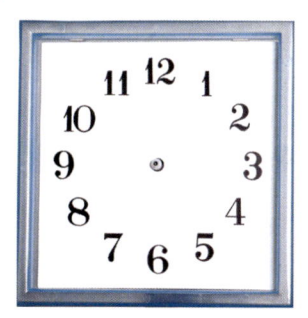

Os meses do ano

CALENDÁRIO 2014

• JANEIRO •

D	S	T	Q	Q	S	S
			1	2	3	4
5	6	7	8	9	10	11
12	13	14	15	16	17	18
19	20	21	22	23	24	25
26	27	28	29	30	31	

• FEVEREIRO •

D	S	T	Q	Q	S	S
						1
2	3	4	5	6	7	8
9	10	11	12	13	14	15
16	17	18	19	20	21	22
23	24	25	26	27	28	

• MARÇO •

D	S	T	Q	Q	S	S
						1
2	3	4	5	6	7	8
9	10	11	12	13	14	15
16	17	18	19	20	21	22
23	24	25	26	27	28	29
30	31					

• ABRIL •

D	S	T	Q	Q	S	S
		1	2	3	4	5
6	7	8	9	10	11	12
13	14	15	16	17	18	19
20	21	22	23	24	25	26
27	28	29	30			

• MAIO •

D	S	T	Q	Q	S	S
				1	2	3
4	5	6	7	8	9	10
11	12	13	14	15	16	17
18	19	20	21	22	23	24
25	26	27	28	29	30	31

• JUNHO •

D	S	T	Q	Q	S	S
1	2	3	4	5	6	7
8	9	10	11	12	13	14
15	16	17	18	19	20	21
22	23	24	25	26	27	28
29	30					

• JULHO •

D	S	T	Q	Q	S	S
		1	2	3	4	5
6	7	8	9	10	11	12
13	14	15	16	17	18	19
20	21	22	23	24	25	26
27	28	29	30	31		

• AGOSTO •

D	S	T	Q	Q	S	S
					1	2
3	4	5	6	7	8	9
10	11	12	13	14	15	16
17	18	19	20	21	22	23
24	25	26	27	28	29	30
31						

• SETEMBRO •

D	S	T	Q	Q	S	S
	1	2	3	4	5	6
7	8	9	10	11	12	13
14	15	16	17	18	19	20
21	22	23	24	25	26	27
28	29	30				

• OUTUBRO •

D	S	T	Q	Q	S	S
			1	2	3	4
5	6	7	8	9	10	11
12	13	14	15	16	17	18
19	20	21	22	23	24	25
26	27	28	29	30	31	

• NOVEMBRO •

D	S	T	Q	Q	S	S
						1
2	3	4	5	6	7	8
9	10	11	12	13	14	15
16	17	18	19	20	21	22
23	24	25	26	27	28	29
30						

• DEZEMBRO •

D	S	T	Q	Q	S	S
	1	2	3	4	5	6
7	8	9	10	11	12	13
14	15	16	17	18	19	20
21	22	23	24	25	26	27
28	29	30	31			

Observe o calendário. Ele marca os dias, as semanas e os meses do ano. O dia tem 24 horas, a semana, 7 dias e o ano tem 12 meses.

CIÊNCIAS

Há meses que têm 30 dias e há meses que têm 31 dias. O mês de fevereiro tem 28 dias, mas de quatro em quatro anos esse mês tem 29 dias. Quando isso acontece, o ano é chamado bissexto.

ATIVIDADES...

1. Responda.

- Em que mês estamos?

- Esse mês tem quantos dias?

- Em que mês você nasceu?

- Em que mês começam suas próximas férias?

2. Em que mês começam as estações do ano? Faça a relação.

1	primavera		junho
2	verão		março
3	outono		setembro
4	inverno		dezembro

3. Siga as instruções.

- Pinte de **verde** o mês das Festas Juninas.
- Pinte de **vermelho** o primeiro mês do ano.
- Pinte de **amarelo** o mês do Natal.
- Pinte de **azul** o mês do Dia das Crianças.
- Circule os meses que têm 30 dias.
- Faça um **x** nos meses que têm 31 dias.
- Faça um ● no mês que tem 28 dias.

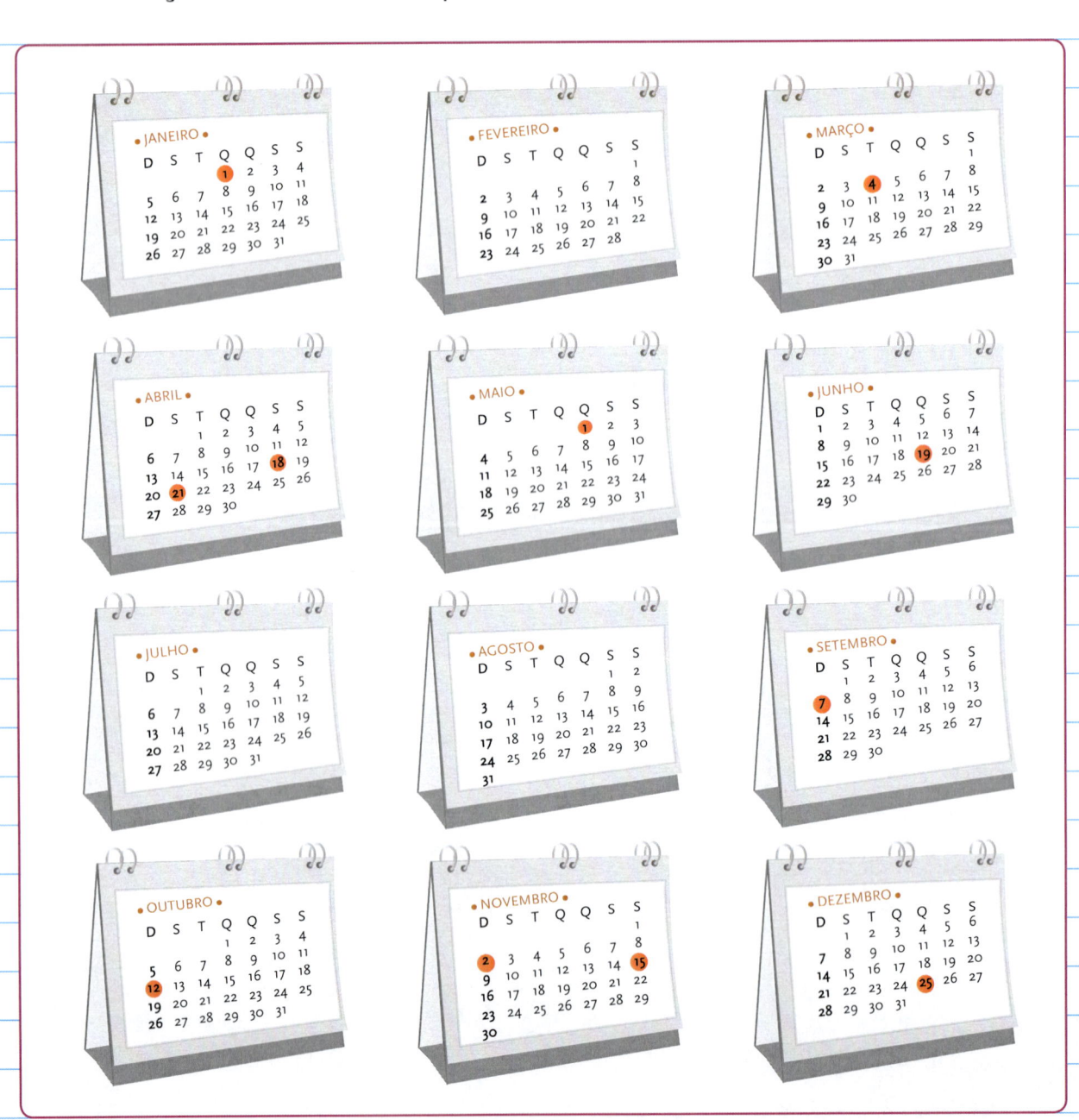